吳景超的社會觀察

吳景超•原著　蔡登山•主編

吳景超、龔業雅1928年結婚前攝於南京

吳景超夫婦及子女攝於1950年於北京

抗戰時期合照：後排左：徐宗涑，後排右：梁實秋；右前：吳景超

吳景超三代同堂：後排女兒吳清可，兒子吳清雋（後用吳清俊）；前排孫女吳正林（右），吳正朋（左）。

1923年一船赴美留學生合影中有吳景超、梁實秋等人。

（感謝中國社科院學者呂文浩先生提供書中照片。）

吳景超兩本著作的編輯前言

蔡登山

吳景超和聞一多、羅隆基並稱為「清華三才子」，他是胡適最為看重的年輕人之一，他被稱為「中國都市社會學第一人」，但和同代人的久負盛名相比，吳景超早已淡出人們的記憶。但他是一個漸被歷史塵封、卻不應該被所遺忘的人。我在十幾年前曾讀過學者謝泳的《清華三才子：聞一多‧羅隆基‧吳景超》一書，當時我最感興趣的是前兩人，因為吳景超所涉及的是社會學，並不在我研究的範圍。今年五月一日政大教授劉季倫告知我吳景超的《劫後災黎》是可以重新出版，他說他認為該書是記抗戰結束後中國慘狀的很重要的書籍。於是我二話不說從圖書館找到這本一九四七年上海商務印書館出版的影印本仔細拜讀。一九四六年吳景超出任中國善後救濟總署顧問，同年五月至八月間，他應善後救濟總署之邀，從重慶出發，到貴州、廣西、湖南、廣東、江西五省考察災情及各區善後救濟分署的救災工作。他記錄了旅途中的見聞，全書採日記形式寫成，真實感很強。後來他自己又寫了〈看災來歸〉一文發表於一九四六年九月二十日《大公報》，可視作這本日記的整體敘述，因此我把它放在日記的前面權充做一篇導言。

對於吳景超的成就，我實在無能為力去寫篇導讀，因為在這之前，他的著作我無一本讀過，更遑論它是社會學的領域。於是只好向老友謝泳求助，從他的大著中摘錄成〈吳景超的學術及人生道路〉一文做為導讀，蒙他應允，十分感謝。而書後我也補充了三篇附錄，分別是《清華暑期週刊》第七八期由佚名寫的〈吳景超〉和第十期吳景超自己寫的〈回憶清華的學生生活〉兩文，可做他生平的補充；而他在《新經濟半月刊》第二期發表的〈抗戰與人民生活〉則是由《劫後災黎》這本考察日記所延伸的論述文章，和本書有直接的關連性，故加以收錄。

吳景超著述的學術價值長期被忽視，是無可否認的事實。吳景超興趣廣泛，涉及社會學的多個領域，其著作大致如下：（一）《都市社會學》，世界書局一九二九年版；（二）《社會的生物基礎》，世界書局一九三〇年版；（三）《社會組織》，世界書局一九二九年版；（四）《第四種國家的出路》，上海商務印書館一九三七年版；（五）《中國工業化的途徑》，長沙商務印書館一九三八年版；（六）《中國經濟建設之路》，重慶商務印書館一九四三年版；（七）《戰時經濟鱗爪》，中國文化服務社一九四四年版；（八）《劫後災黎》，上海商務印書館一九四七年版；（九）《有計劃按比例的發展國民經濟》，中國青年出版社一九五五年版；（十）《蘇聯工業化時期的計畫收購和計畫供應》，通俗讀物出版社一九五五年版；（十一）《唐人街：同化與共生》，筑生譯、郁林校，天津人民出版社一九九一年版。

這些書籍幾乎是早年的版本，圖書館也不一定有。我並沒有特別去尋找，因為在這之前我看過好友陳正茂教授蒐集的全套《新路》周刊裡面有不少吳景超的精彩文章。一九四八年一月二十四日，吳景超去拜訪胡適，說要辦一個刊物，由錢昌照出錢，吳半農主編，劉大中負責經濟，錢端升負責政治，蕭乾負責文藝，而自己則負責社會，此刊物就是《新路》周刊。它於一九四八年五月十五日創刊於北平，但在同年十二月十八日就停刊，共出刊二卷六期（計三〇期）。《新路》是「中國社會經濟研究會」的機關刊物，作者群陣容堅強，網羅不少華北學術界領袖，如吳景超、潘光旦、劉大中、蔣碩傑、樓邦彥、邵循正、邢慕寰、周炳琳、蕭乾、汪曾祺、楊振聲等碩學鴻儒。除了《新路》周刊外，我利用中研院的「民國期刊全文數據庫」（上海圖書館製作）去尋找，在上百篇的文章中找出二十篇重要而具代表性的文章，它們分別發表於《獨立評論》、《獨立時論》、《新經濟》、《新路》周刊等，編成《吳景超的社會觀察》一書。我兩度到中研院去蒐集這些文章，最後去的時間記得是五月七日，而吳景超恰恰在一九六八年五月七日去世的，冥冥之中，似有因緣。而就在文稿蒐集完成後的一週後，新冠疫情爆發。緊接著中研院圖書館禁止院外人士進館至今，幸好文稿已經蒐集完成，否則將會延宕不知到何時。

學者呂文浩說：「在中國第一代社會學家裡，吳景超治學方法的特點是非常鮮明的，他善於而且勤於搜集當時世界各國尤其是工業化各國的社會統計資料，並以此為依據觀察當時中國社會的問題，提出一些前瞻性的論斷。正因為他的這一特點，他對當時中國社會問題的判斷，思想往往比較敏銳而新穎。」謝泳對吳景超評價很高，他說：「凡論述某一問題，視野都很開闊，他總是要把眼光放在全世界範圍來觀察，他引述的理論和數據都是當時最新的，他涉獵之廣泛，學術格局之宏闊，在同時代的學者當中，是不多見的。」

南京大學學者龐紹堂將吳景超的學術風格，概括為六點：

1、受過系統、嚴格的西學訓練，精通多種外語。

2、文風樸實，語言平實，論證精當，邏輯簡明，絕無玄奧晦澀之論證、故做莫名高深之炫耀，通俗易懂，但鞭辟入裡，指心見性，切中命門要道。

3、注重實證統計，論述必有根據。

4、悟透西學，具國際視野，中西比較，西西比較，旁徵博引，善用史料，說話皆有出處。

5、注重研究社會重大問題，關注社會敏感問題，即使一得之見，也秉筆直書，不回避，不矯飾。

6、並未秉承社會學所謂價值中立的理解主義傳統。

吳景超的著作，是中國都市社會學的發軔;他提出的「區域經濟」、中國工業現代化的理論，他對中國社會階級的理解，對於中國農村土地、租佃及人口問題的判斷與解釋，影響至今。尤其在《新路》周刊中有多篇文章是吳景超寫完之後，先發給劉大中、蔣碩傑等等這些經濟學者看過，然後每人再發表意見討論（討論內容亦刊登），最後吳景超就這些同或不同的意見，做總答覆。「疑義相與析」，創下最佳的典範。一九四八年十月下旬，胡適曾向翁文灝、蔣介石推薦吳景超、蔣碩傑、劉大中。三人中，劉大中和蔣碩傑後來都來到台灣，在台灣的土地改革及稅制改革中發揮了很大作用，蔣碩傑還曾被提名角逐諾貝爾經濟學獎。

通觀吳景超所寫的文章，他其實給中國現代化之路提供了願景。而這些前瞻性論點至今依然適用於當今的社會。二〇二一年是吳景超誕辰一二〇週年，我們以這兩本小書，來緬懷這第一代的社會學家，希望他不被世人所遺忘！

導讀：吳景超的學術及人生道路

謝泳

吳景超的學術道路和他的人生道路都是不平坦的。作為中國第一代的社會學家，他有一個非常好的學術開端，在他從事學術研究的時候，時代為他提供了許多便利條件。作為中國社會學研究的首創者之一，他在自己學術生涯的開始階段，就敏銳地選擇了一種雖然剛剛創立但卻有著廣闊學術前景的學科。對於中國現代學術來說，社會學在中國的發展，可以說是生逢其時，從中國現代學術史的角度觀察，在二三十年代，中國社會學從出現到發展，本來是一門最有前途的學科，對於像中國這樣在現代化道路上開始起步的國家來說，社會學的重要性是顯而易見的，吳景超那一代社會學家，在他們的學術生涯中，以自己的才智和艱苦努力，為中國現代社會學的發展打下了非常堅實的基礎，但由於時代的突然轉換，在中國現代學術史上最有學術前景的一門學科卻被人為地禁止了。中國現代的社會學研究者，相對說來，是同時代各種學科當中訓練最好的一批學者，第一是他們當年都很年輕，都是科班出身；第二是他們在接觸社會學研究時，這門學科的歷史還不長。他們在國外讀書時，較多接觸到的差不多都是這門學科的創始人或者影響較大的西方學者，如派克、博厄斯、本尼迪克特、布朗、馬林諾夫斯基等等，中國早期的社會學研究者都有和他們學習和合作研究的經歷。在中國現代學者當中，在融合中國傳統教育和現代西方學術訓練方面，以從事社會學研究的學者的學術工作較為突出，把西學術較多用來研究中國問題的，也是社會學，在中國現代學術史上，較早注意到一門西方學科的本土化問題，也以社會學最有代表性，二十年代中期和三十年代初期，以吳文藻為代表的社會學家，在社會學的「本土化」問題上，做過很多探索。吳景超的學術道路也開始於這一時期，他是以西方社會學研究的方法來研究中國問題並做出了很大貢獻的學者。

吳景超（一九〇一－一九六八）是安徽歙縣人，字北海。一九〇一年（清光緒二十七年）生。幼年在家鄉受初級教育。一九一四年入南京金陵中學就讀。第二年考入北京清華留美預備學校。一九二三年夏天赴美國，入明尼蘇達大學，主修社會學。後入芝加哥大學攻讀碩士學位和博士學位。一九二八年回國。一九三一年秋，任清華大學教授。一九三二年任教務長。一九三五年底離開清華，隨翁文灝等赴南京，任國民政府行政院秘書。一九三七年國民政府遷至重慶。任經濟部秘書。一九四五年任戰時物質管理局主任秘書。一九四六年任中國善後救濟總署顧問。一九四七年重回清華大學社會學系任教授。一九五二年調任中央財經學院教授。後加入中國民主同盟，並當選為中央常委，全國政協委員。一九五三年任中國人民大學教授。

吳景超早年在學術上的貢獻是他關於都市社會學的研究，他在芝加哥大學的博士論文是研究唐人街的。在這方面，吳景超可以說是中國現代都市社會學研究的開創者。二十年代中期，有一批社會學者從國外學成歸國。他們認為社會學的理論分析和調查研究方法對於理解和處理中國的社會問題有很大的幫助，他們鼓吹在中國的大學裏設定社會學系，多開社會學課程；組織從事社會學研究的工作人員成立社會學會。吳景超就是當時的倡導者之一。

吳景超一九二八年回國，在南京金陵大學任教，講授社會學原理及都市社會學課程，著有《都市社會學》一書。對於該書孫本文說：「吳氏於一九二五年至一九二八年在芝加哥大學研究社會學，隨派克（Robert E.Park）等學者從事都市社會學原理的研究，這書多少含有芝加哥學派的意味。」他曾會同孫本文、吳澤霖、潘光旦、楊開道、言心哲、李劍華、柯象峰、許仕廉、陳達、吳文藻等學者先後發起組織「東南社會學社」和「中國社會學社」，並出版專業性的社會學雜誌。一九三一年中國社會學社成立時，第一屆理事只有九人，孫本文為理事長，許仕廉為副理事長，吳景超為書記。當時中國社會學社每年開大會一次，分別在南京、上海或北平舉行。第五屆年會時吳景超為理事長。

吳景超早年的學術工作，重點集中在對中國工業化問題的思考上，由此他也特別注意對中國土地制度的研究，他在美國時曾多次和胡適談到過中國的土地制度和佃農等問題，吳景超早年的學術工作，思考的都是與國計民生有重大關係的問題，正是因為他學術研究的這個特點，胡適非常看重他。一九三六年一月二十六日，胡適在給翁文灝、蔣廷黻和吳景超的信中曾說：「我對於你們幾個朋友，（包括寄梅先生與季高兄等），絕對相信你們『出山要比在山清』。但私意總覺得此時更需要的是一班『面折廷爭』的諍友諍臣，故私意總期望諸兄要努力做educate the chief（教育領袖）的事業，鍥而不舍，終有效果。行政院的兩處應該變成一個『幕府』，兄等皆當以賓師自處，遇事要敢言，不得已時以去就爭之，莫令楊誠齋笑人也。」三十年代中期，曾出現過短暫的「好人政府」，據何廉在他的回憶錄中說，在翁文灝出長行政院長時，「還有兩三位秘書或參事遴選自大學教授中，這主要是在翁文灝出任行政院秘書長期間來的。一位是吳景超，是清華大學的社會學教授；另一位叫張銳，是畢業於美國密歇根大學的研究市政的專家，當時是南開大學教授。」

吳景超獨特的學術貢獻在於他對中國社會性質的準確理解和分析，他對中國社會階級的理解、對於中國農村土地、租佃及人口問題的判斷與解釋，現在看來是較為準確和深刻的。一九三五年，吳景超寫過一篇〈階級論〉。吳景超主要批判的是馬克思和列寧關於階級鬥爭的理論。他通過對十八世紀末到二十世紀初期，英美德法等國的經濟和工業狀況的統計分析，認為「在平日，無產階級的生活，已經夠痛苦了，在不景氣的時期裏，痛苦一定要加深，這種時期，便是產生革命的時期。這種說法，從歷史的觀點看去，顯然是不對的。」吳景超認為「共產主義與社會主義所標榜的理想社會，只有實現的可能，而無實現的必然。」從吳景超在他文章中所引述的文獻看，他對於馬克思、恩格斯、列寧等的著作都下過很大的功夫，非常熟悉。在當年自由主義知識分子當中，像吳景超、吳恩裕等學者，他們對於馬克思、恩格斯、列寧著作的了解，從學術的角度觀察，是非常深入的。

四十年代末期，是吳景超學術生涯的又一個高峰，在這一時期，他又重回清華社會學系執教。更為重要的是在這一時期，他參預了代表四十年代部分自由主義知識分子政治和學術顧向的《新路》雜誌的工作。我把這一時期前後，吳景超在《新經濟》、《世紀評論》、《觀察》及他為《大公報》等所寫的文章，都歸入《新路》時期的學術生涯。

四十年代末，較能集中反映當時大學教授對中國社會經濟問題認識的言論，以《新路》最有代表性。這本雜誌和它所屬的「中國社會經濟研究會」，在以往中國現代史的研究中，基本是給予了否定性的評價，但從學術的角度觀察，當時這些教授對中國社會問題的看法並非沒有道理，作為一種學術來評價，可能他們當年的建議對中國的發展更有參考作用。

吳景超五十年代的學術工作，與他早年的學術研究已不可同日而語。這一時期他最有價值的學術研究是他關於中國人口問題的一些看法，但這樣的學術研究，也沒有超出他早在二三十年代的學術思想。在時代的轉換過程中，吳景超選擇了他同時代絕大部分知識分子的道路，留下來期待為新中國服務。吳景超曾對一位從國外回來的清華校友說：「這是一個大時代，我們學社會學的人決不能輕易放過」。

吳景超五十年代初期的思想轉變是發生較快的，在他當年的朋友當中，像周炳琳就沒有他那樣迅速，以我們現在看到的材料來判斷，他對於新時代的順應過程在很短的時間內就完成了。一九五一年，吳景超參加了土地改革，對於這樣的經歷，他是這樣認識的：「在土地改革參觀回來以後，我再把解放前我所寫的關於土地問題的文章取出一看，使人感到非常的慚愧與不安。解放前我對於土地問題看法的基本錯誤有兩點：第一、我採取了超階級的觀點，既要照顧農民，又要照顧地主。第二、我採取了機會主義的觀點，以為階級利益的問題，可以用和平妥協的方法來解決，而不必用激烈的、尖銳的階級鬥爭的方法來解決。」吳景超覺得，土地改革的教育，加深了他對抗美援朝的認識。他說：「在解放以前，我對於美國是有過幻想的。我在過去數十年來，曾寫過一些文章，鼓吹中國需要工業化；但我當時犯了一個極大的錯誤，就是對於自力更生的本領，發生懷疑。我研究各國工業化的歷史，看見除蘇聯以外，其餘的國家，包括英美在內，都曾利用過外資來發展工業。我沒有看到在帝國主義時代，十八、十九世紀那種利用外資的辦法，是行不通的；我沒有重視蘇聯的經驗，從蘇聯的經驗中，得到自力更生的教訓。我還幻想美帝可以用他們多餘的物質，來幫助我們進行工業化。我應當指出，這些幻想，在解放之後，由於學習馬列主義及毛澤東思想，已經逐漸消滅了，但只是在參加土地改革之後，這個幻想才得到致命的打擊。」

五十年代初期，在發動對知識分子的思想改造之前，一個重要的歷史現象是新政權讓許多大學教授去參加了土地改革，這可以說是後來發生的知識分子思想改造運動的前奏。許多大學教授不是在思想改造運動之後才與新政權妥協的，而是在土地改革時就開始放棄自己的獨立性。當時參加了土改的知名大學教授潘光旦、全慰天、孫毓棠、李廣田、蕭乾、胡世華、賀麟、鄭林庄、朱光潛、吳景超等，都寫過文章來檢討自己的過去。

一九五五年吳景超寫了〈批判梁漱溟的鄉村建設理論〉。這是吳景超在一九四九年以後所寫的較有份量的一篇文章。文章對梁漱溟的鄉村建設理論進行了全面的批判。吳景超早年對梁漱溟的中國鄉村建設理論本來就有不同的看法。其主要觀點是吳景超認為中國農村的問題主要是耕地面積較少，農場不大。他的主要思路是讓農村走工業化的道路，讓農村向都市化轉變。那時，吳景超對梁漱溟的鄉村建設理論的評價只是學術上的。而現在這篇文章，吳景超對梁漱溟的批判就完全是政治上的了。這樣的文章在吳景超的學術生涯當中，是很大的敗筆。吳景超早年的學術訓練是非常嚴格的，我們看他四九年以前的文章，有一個明顯的特點就是他非常注意歐美現代學術研究的動向，他的學術文章很注重統計和史料的運用，他是從不說沒有根據的話的。在早年的學術生涯中，他也經常和他的同行有不同的意見，也不斷地發生學術爭論，但吳景超那時的爭論文章也是非常有風度的，從來沒有盛氣凌人。他早年在學術文章中特別喜歡運用歐美最新的學術研究資料來說明自己的觀點，這已成為的風格。但到了批判梁漱溟的鄉村建設理論時，吳景超的寫作風格完全變化了。這是一篇完全不講理的文章，斷章取義，缺乏邏輯。另一個值得注意的現象是在這篇文章中，吳景超還順便對胡適進行了批判，他認為梁漱溟的一些看法與「胡適的主張如出一轍」，說梁漱溟引胡適為同調。其實在二三十年代，胡適和梁漱溟在同時代的知識分子當中，從思想觀點來說是相差較大的，真正和胡適思想一致的倒是吳景超。但在那樣的時代氣氛中，吳景超早年的學術氣質和風格已蕩然無存了。他在批判胡適的運動中，寫了〈我與胡適——從朋友到敵人〉一文，吳景超和他同時代許多知名大學教授一樣，違心地對胡適進行了潑污水式的批判，文章可能都是在政治壓力之下所寫的，吳景超說：「胡適，過去是我的朋友，今天是我的敵人。我要堅決與胡適所代表的一切進行鬥爭，不達到最後的勝利，決不罷休。」吳景超在他批判梁漱溟的文章中，一改他早年喜引歐美學者學術觀點的習慣，他批判梁漱溟，從頭到尾引述了如下人物的著作：《毛澤東選集》、劉少奇《關於土地改革問題的報告》和《學習聯共（布）黨史第九章至第十二章參考檔案》等等。當時有一個奇怪的現象是，一九四九年以後，那些可以和過去簡單告別，完全和新時代妥協的學者，多數都是受西方文化影響較重的，倒是那些受中國傳統文化影響較深的學者，妥協起來就比較難，梁漱溟和陳寅恪是比較典型的，這其中有思想的因素，可能也有年齡和人格的因素，當時年齡較輕的學者更容易和新時代達成平衡。

一九五六年二月《新建設》發表了吳景超的一篇文章〈從深入生活中提高自己〉。這是吳景超的一篇學習體會。從中可以看出反右以前吳景超的思想狀態。從這篇文章說明，一九四九年以後，對知識分子思想進行改造，憑空構造的知識分子「原罪論」的觀點，此時已在知識分子身上發生了作用。五十年代，極端誇大工農對知識分子改造的作用，其基本的思路就是要打掉知識分子的尊嚴，特別是人格尊嚴，所以要特別貶低他們在思想和理論上的貢獻。

一九五六年七月，在「百花齊放，百家爭鳴」的氣勢下，吳景超開始有限度地恢復他當年敢於說真話的習慣。一九五六年七月號《學習》雜誌在「百家爭鳴筆談」的欄目下，發表了吳景超的文章〈「百家爭鳴」的目的是為人民服務〉。吳景超雖然說話非常謹慎，但他還是委婉地把自己想要說的話表達出來。他說：「在我們的專業中，把我們對於科學研究的成果，毫無保留地貢獻出來，就是『百家爭鳴』這一政策所要求於我們的。因此，我們不能再『噤若寒蟬』，那時對於社會主義建設缺乏責任感；也不要抱『一鳴驚人』的想法，那是庸俗的名位思想在作祟。我們爭鳴的動力，是出於對祖國的熱愛，出於衷心擁護我國迅速建成社會主義的偉大政策。既然如此，『爭鳴』的『百家』，就應當歡迎批評與和我批評。在我們的社會裏，批評不應當從打擊別人抬高自己的觀點出發，受批評的人也不應當把批評和個人的面子聯繫在一起來考慮。批評是與人為善；自我批評就是改正錯誤，提高認識，以便更好地為人民服務。有了這種認識，就可以在『爭鳴』的過程中，避免無謂的人事糾紛，而使我們共同的事業，能夠迅速地走向勝利。」

一九五七年一期《新建設》雜誌在「一得之見」欄目下又發表了吳景超的〈社會學在新中國還有地位嗎？〉，這是吳景超在一九五七年受到批判最多的一篇文章。這篇文章本來也是非常有節制地對一九四九年以後取消社會學提出了自己的一點看法。起因是一九五六年，吳景超在《真理報》上看到了蘇聯科學院通信院士費多塞也夫的一篇介紹蘇聯社會學命運的文章。不久吳景超和潘光旦、嚴景耀、雷潔瓊又和參加過當時國際社會學第三次會議的波蘭科學院的奧爾格爾德・魏德志有過一次談話。吳景超說：「這一切，使我想到中國的社會學往何處去的問題。」吳景超那時說話已經非常有分寸感，他是在先有了「資產階級的學者，以社會學理論與馬克思主義進行對抗」的前提下，在說完「整個地說來，資產階級的社會學，其立場觀點與方法，基本上是錯誤的。」以後，才說了：「在百家爭鳴的時代，我認為我國的哲學系中，還有設立社會學一門課程的必要。在這一門課程中，可以利用歷史唯物論的原理，對於資產階級社會學進行系統的批判，同時也盡量吸收其中的一些合理部分，來豐富歷史唯物論。」吳景超說：「舊社會學還有其它一些部分，如人口理論與統計，社會調查（都市社會學與鄉村社會學都可並入社會調查之內），婚姻、家庭、婦女、兒童等問題，社會病態學中的犯罪學部分，都可酌量並入其它學院有關各系之內。開設這些課程，當然不能採用舊的課本，講授時也不能採取舊的立場觀點與方法。但是以歷史唯物論的知識為基礎，來研究這些問題，對於我國社會主義社會的建設，也還是有用的。」吳景超的這篇文章非常客氣，也非常小心，但就是這樣，他還是讓人抓到了把柄，成了著名的右派。當時在本期《新建設》雜誌「一得之見」欄目下共發表了三篇文章，另外兩篇是張岱年的〈道德的階級性和繼承性〉，李長之的〈文章長短論〉，這三個人在一九五七年全部成了右派。

一九五七年三期《新建設》雜誌發表吳景超〈中國人口問題新論〉一文。在文章中吳景超再一次得出了：「中國必須實行節育，降低人口的出生率，因而降低人口的自然加增率」。同時吳景超還對當時把主張節育認為是新馬爾薩斯主義的觀點進行了答辯。

一九五七年四月十日，《新建設》雜誌邀請在北京的部分社會學家，就開展社會學研究的有關問題，進行座談。一九五七年七月號《新建設》雜誌發表了座談會紀錄摘要。在這次座談會上發過言的人，後來差不多都成了右派。他們是陳達、費孝通、吳景超、李景漢、雷潔瓊、嚴景耀、吳文藻、林耀華、袁方、張之毅、胡慶鈞、全慰天、王康、王慶成、張緒生、沈家駒等二十餘人。吳景超的發言題目是〈一些可以研究的社會現象和問題〉，發言很簡短，基本是重複他在〈社會學在新中國還有地位嗎？〉一文中的觀點。在這次發言中，他還特別提出了像「宗教社會學、法律社會學、知識社會學等，過去中國也沒有搞過，我看將來也可以搞搞。」的建議。

一九四九年以後，吳景超本來在學術研究上已消失了以往的銳氣。在「百花齊放。百家爭鳴」的號召下，非常謹慎地說了幾句話，但從此基本上結束了自己的學術生涯。在隨後到來的反右派運動中，吳景超成了鼓吹資產階級社會學理論的一個重要代表。雖然他不得已做了〈痛改前非，努力成為工人階級的知識分子〉的檢討，但他個人的命運已無法改變。

據說，劃吳景超為「右派」的理由，包括：（一）民盟盟員；（二）鼓吹馬爾薩斯人口學說；（三）企圖「復辟資產階級社會學」；（四）提倡大學教授聘任制、不受政府委派等言論。從此吳景超便不許再從事教書。隨著降級、減薪、思想檢討、自我批評、思想改造、集體學習等種種責罰，紛至沓來。其最富於諷刺意味的，即派遣吳景超再度到社會主義學院去重新學習。吳景超從德文、俄文所研習到原始的馬列學說，均被棄如敝屣，認為是誤解，卻要再從不通外文的教員去學習『逾淮之橘』。只有在這種反常的、一片如痴如狂的情形下，才能使人充分理解到當年屈子在行吟澤畔所哀訴的『黃鐘毀棄，瓦釜雷鳴』的沉重心情。」

吳景超一生的學術道路，以他早年在清華和國民政府時期最為順利。一九四九年以後，他選擇留在大陸，結果使他在學術上沒有再出現曾經有過的輝煌。像吳景超、費孝通、儲安平、羅隆基、潘光旦、曾昭掄、吳晗、錢端升等等，他們都是比較有代表性的自由主義學者，對於新時代的到來充滿幻想，他們在一夜之間似乎就放棄了自己整個人生的信念，最終產生了那麼大的悲劇。李樹青曾感慨地說：「這也算是樹大招風，盛名之累罷。」與十月革命後俄羅斯知識分子的選擇和判斷相比起來，中國自由主義知識分子的精神支柱和理想信念，在多大程度上已內化為他們的人格力量，這還是一個需要我們認真思考的問題。

一九六八年五月七日，吳景超因肝癌去世，終年六十七歲。死後火化，骨灰由一位堂弟攜返故鄉歙縣安葬，一代知名學者，在絕望中走完了自己的一生。一九八〇年十月十七日才獲平反，他的學術著作至今沒有重新系統出版。

（摘錄謝泳《清華三才子：羅龍基、聞一多、吳景超》，二〇〇五，北京新華出版社）

吳景超・龔業雅・梁實秋

蔡登山

梁實秋被稱為翻譯大家，《莎士比亞全集》花了三十年譯畢，讓他當之無愧。梁實秋又被稱為散文大師，《雅舍小品》堪稱他的代表作。但許多人都認為「雅舍」是他的書齋名，其實是不對的，它甚至涉及梁實秋生命中非常重要的一位女性。那是抗戰時間，梁實秋隻身到了重慶，應教育部次長張道藩之邀，任中小學教科書組主任。此時《新月》好友劉英士主編《星期評論》，邀請梁先生寫專欄，每期兩千字，名之曰「雅舍小品」，並署名子佳。

梁先生曾自述雅舍之由來：「抗戰期間，我在重慶。五四大轟炸那一年，我疏散到北碚鄉下。吳景超、龔業雅伉儷也一同疏散到北碚。景超是我清華同班同學，業雅是我妹妹亞紫北平女大同班同學，我和他們合資在北碚買了一幢房子，房子在路邊山坡上，沒有門牌，郵遞不便。有一天晚上景超提議給這幢房子題個名字，以資識別。我想了一下說，不妨利用業雅的名字名之為『雅舍』，第二天我們就找木材做了一個木牌，用木樁插在路邊，由我大書『雅舍』二字於其上，雅舍名緣來如此，並非如某些人之所誤會以為是自命風雅。」

吳景超安徽歙縣人，一九〇一年生，長梁實秋兩歲。他們都是一九一五年，考入北京清華留美預備學校，是同班同學。在校期間，吳景超曾任《清華週刊》總編輯，梁實秋評價他：「好史遷，故大家稱之為太史公。」吳景超與聞一多、羅隆基一同被譽為「清華三才子」。一九二三年八月十七日他們在上海搭乘「傑克遜總統號」赴美留學，據梁實秋先生回憶，一九二三年畢業的這一級學生，入學時有九十多名，上船時還有六〇多名。清華留美預備學校的一九二三級（癸亥級）是非常優秀的一屆，其中不少當年的才子才女，後來成為各界翹楚或抗日名將。在此次的留學名單中清華的就有顧毓琇、梁實秋、吳景超、吳文藻、孫立人、齊學啟、張忠紱、全增嘏、孫成璵（孫瑜）、吳卓等人。而同船上還有燕京大學的，據冰心說，其中就有四名燕京大學畢業生，謝婉瑩（冰心）、許地山、陶玲（女）和李嗣綿。吳景超入明尼蘇達大學，獲學士學位。一九二五年至一九二八年，在芝加哥大學社會學系學習，先後獲得碩士、博士學位。梁實秋在科羅拉多學院學習，一九二四年夏畢業後前往哈佛大學，研究方向是西方文學和文學理論，獲哈佛大學英文系哲學博士學位。許地山入哥倫比亞大學研究哲學和宗教，李嗣綿入麻省理工學院。冰心經燕大美籍教師舉薦，入威爾斯利女子學院讀研究生，學習英國文學。陶玲自費入蒙得好列紀大學習社會學。

龔業雅的資料不多，根據學者呂文浩說她出身於湖南湘潭的一個知書達理的士紳之家。其父龔德霖曾於清末留學日本，歸國後在一九〇五年創辦了湘潭第一女子學校——龔氏女校。龔業雅在父親主辦的女子學校畢業後，赴北京女子師範大學繼續深造。課餘她常去同班同學梁亞紫（梁實秋的三妹）家裡去玩，因其性格開朗，深得梁家上上下下的喜愛。吳景超之所以能夠和龔業雅結為連理，梁氏兄妹的橋樑作用功不可沒。一九二八年吳景超回國，任金陵大學社會學教授兼系主任；一九三一年任清華大學教授，曾任教務長。一九三五年在國民政府任職。國民政府遷都重慶後轉任經濟部祕書，龔業雅也隨丈夫在重慶居住。

文中談到五四大轟炸，那是一九三九年五月三日日軍轟炸重慶市區，第二天梁實秋去戴家巷二號探望吳景超夫婦，吳景超尚未下班，只有龔業雅和孩子在家，兩人正在閒談，突然防空警報大作，大家慌做一團，只好在房東太太的客廳屏息待變。就在此時，一顆炸彈擊中房子，四處火起，灰塵瀰漫，梁實秋帶著龔業雅和孩子倉皇逃生，這就是抗戰史上有名的五四大轟炸。梁實秋在文章這樣回憶著：

> 業雅拉著兩個孩子，我替她扛著皮箱，房東太太挽著我的胳臂。我們怕走散，不停地互相呼喚著，像叫魂一般。事後房東太太告訴我，我頭上有冷汗滴在她的臂上。我們走到江邊海棠溪，倒在沙灘上，疲不能興……仰視重慶山城火光燭天，劈劈啪啪亂響，因為房子都是竹子造的。過了午夜火勢漸弱，我們才一步步的走上歸程。戴家巷二號依然存在，我下

榻的旅行社招待所則門戶洞開，水灑了滿室。第二天，景超向資委會借到一部汽車，我同他一家狼狽的去到北碚。

北碚的「雅舍」其實是相當簡陋的，用竹筋和三合土蓋成，梁實秋說：「雅舍的位置在半山腰下距馬路約有七、八十層的土階。前面是阡陌螺旋的稻田，後面是荒僻的榛莽未除的山坡。籬牆不固，門窗不嚴，與鄰人彼此均可互通聲息。入夜則鼠子自由行動，使人不得安枕。夏季則聚蚊成雷……」就在這樣的環境中：「長日無俚，寫作自遣，隨想隨寫，不拘篇章，冠以『雅舍小品』四字」。

據梁實秋描述，「業雅是我見過最具男孩子性格的女性，爽快，長得明麗。非常能幹的她，先後在四川、北平做商務編譯館的人事主任，管兩百多人，連家屬六七百人。很有能力，當年所有編譯館的事，從重慶回到南京，都是她一人處理的。她不是文才，是幹才。」一九三八年十月七日，在重慶的吳景超給駐美大使胡適寫了一封信，說：「業雅近來忽生求學之念，請你替他（當時吳景超將女性人稱代詞都寫作「他」）留意，假如有什麼學校裡，可以給中國女子一種獎學金，他願意得到這種機會。不過他的英文，還不能直接聽講，所以即使有獎學金的機會，他也當自費在美補習英文一年。我們雖然伉儷情深，但我對於他那種求知的欲望，很不願意打冷他。請你替他留意為託。」此時的龔業雅已經三十六歲，一兒一女都很年幼，抗戰時期物質生活異常艱苦，吳景超雖然捨不得龔業雅離開，但對她的求學熱情仍給予盡可能大的理解和支持，後來此事並沒有達成。

雅舍共六間房，梁實秋占用兩間；龔業雅及孩子占兩間；其餘兩間由時為教育部教科用書編委會代主任的許心武及其秘書尹石公居住。雖然地荒涼、屋簡陋，雅舍卻勝友如雲。一大批名人雅士常到雅舍作客：冰心、盧冀野、陳可忠、張北海、徐景宗、蕭柏青、席徽庸、方令孺、余上沅、李清悚、彭醇士……老舍一家時居北碚，也是雅舍上客。梁實秋還回憶說，有一晚他與龔業雅、盧冀野等幾位好友打麻將消遣，「兩盞油燈，十幾根燈草，熊熊燃如火炬，戰到酣處，業雅仰天大笑。椅仰人翻，燈倒牌亂」。一位爽朗、豪放的「女漢子」的形象，躍然紙上！

對於梁實秋和龔業雅的關係，當時就有些傳言，對此梁實秋非常坦率，他在文章中說：「雅舍小品也是因業雅的名字來的。雅舍小品第一篇曾先給業雅看，她鼓勵我寫。雅舍小品三分之二的文章，都是業雅先讀過再發表的。後來出書，序也是業雅寫的。我與業雅的事，許多朋友不諒解，我也不解釋，但是一直保留業雅的序作為紀念。」而今網路上更有人以當時梁實秋的妻子程季淑尚在北平為由，想當然耳認為梁實秋與龔業雅有曖昧之情，實為小人之心。龔業雅可說是梁實秋的紅粉知己，已超越男女之情而化為文字上的繆斯女神。《雅舍小品》可說是在龔業雅的催促、欣賞下完成的。因此成書時梁實秋請龔業雅寫了一篇短序，以志因緣：

二十八年實秋入蜀，居住在北碚雅舍的時候最久。他久已不寫小品文，許多年來他只是潛心於讀書譯作。入蜀後，流離貧病，讀書譯作亦不能像從前那樣順利進行。劉英士在重慶辦《星期評論》，邀他寫稿，「與抗戰有關的」他不會寫，也不需要他來寫，他用筆名一連寫了十篇，即名為「雅舍小品」。刊物停辦，他又寫了十篇，散見於當時渝昆等處。戰事結束後，他歸隱故鄉，應張純明之邀，在《世紀評論》又陸續發表了十四篇，一直沿用「雅舍小品」的名義，因為這四個字已為讀者所熟知。我和許多朋友慫恿他輯印小冊，給沒讀過的人一個欣賞的機會。

一個人有許多方面可以表現他的才華。畫家拉斐爾不是也寫過詩嗎？詩人不是也想畫嗎？「雅舍小品」不過是實秋的一面。許多人喜歡他這一面，雖然這不是他的全貌。也許他還有更可貴的一面呢？我期待著。

三十六年六月　業雅

設若沒有龔業雅，我們可以斷定不會有《雅舍小品》。這本書稿原本交商務印書館，但在時局動盪的當年並沒有出版，直到一九四九年來台之後，才在正中書局出版。

一九四九年後，龔業雅隨丈夫吳景超留在大陸，梁實秋則南渡來台，兩人天各一方，再未見面。梁初抵台灣後，兩人仍有魚雁往返，直到兩岸斷絕郵電才失去聯繫。一九五二年後吳景超執教於中國人民大學經濟系。在「百花齊放百家爭鳴」的號召下，吳景超非常謹慎地說了幾句話，但很快成了被批判的靶子。此後更是被作為「鼓吹資產階級社會學理論的重要代表」，成為眾矢之的。一九五七年他被劃為右派，當時中國民族學、社會學、人類學界最著名的大右派有：吳澤霖、潘光旦、吳景超、吳文藻、費孝通等。其中，「吳門三大右派」吳澤霖、吳景超、吳文藻分別是中國民族學、社會學、人類學界的大師。歷經磨難後吳景超於一九六八年五月七日因肝癌去世。作為中國第一代的社會學家，在絕望中走完了自己的一生。文革後，梁實秋託在美友人打聽，得到的卻是龔業雅的死訊，去世時六十九歲（推算當在一九七一年）。梁實秋曾說：「這一生影響我最大的女人，一個是龔業雅，一個就是我太太程季淑。」非常難得的是學者呂文浩找到晚年吳景超、龔業雅夫婦及兒子、媳婦、女兒和孫輩三代同堂的和樂照片，可惜的是梁實秋從未見過這張照片，以慰思念。

清華大學哲學系教授金岳霖撰有一副諧聯，打趣吳氏夫婦：

以雅為業，龔業雅非誠雅者；
維超是景，吳景超豈真超哉。

編輯書前註

本書內容為史料性質，由蔡登山主編重新點校，部分詞彙與翻譯和現今所習慣的正確用字並不相同，為尊重歷史、呈現作者當時的記載，我們予以保留。

目次

吳景超的社會觀察

世界上的四種國家

國家分新的方法很多，我們可以從政治的觀點去分類，也可以從經濟組織的觀點去分類，從宗教的觀點去分類，也可從教育的觀點去分類。但這些分類，都不是我這篇文章中所要討論的。我這兒所說的世界上四種國家，乃是根據人口密度及職業分派兩點所分析的結果。

先概括的說一下這四種國家的特點。

第一種國家，人口密度頗高，但在農業中謀生的人，其百分數比較的低。

第二種國家，人口密度頗低，但在農業中謀生的人，其百分數也比較的低。

第三種國家，人口密度頗低，但在農業中謀生的人，其百分數比較的高。

第四種國家，人口密度頗高，但在農業中謀生的人，其百分數也比較的高。

這四種國家的生活程度，以及他們在生活中所遇到的問題，都不相同的。我們願意把每種國家舉一兩個例來討論一下，同時也要看看中國在這四種國家中，是屬於那一類。

第一類的國家，可以拿英德兩國來做代表。英國的人口密度，每一方公里是一八一．二，世界各國，除卻比利時荷蘭兩國外，就要算英國的人口密度最高了。德國的人口密度，每一方公里是一三三・一。我們如知道世界各國的人口密度，每一方公里在一百以上的，只有七個國家（除卻上面提到的四個國家以外，還有日本、義大利、捷斯拉夫），就可知道英德兩國的人口密度，是比較頗高的了。英國人在農業中謀生的，比較最低，只佔有職業的人百分之六、八。德國人在農業中謀生的，也不到有職業的人三分之一，只佔百分之三〇・五。概括的說，這一類的國家，本國的農產物，大都不能維持本國人的生活，所以不得不於農業之外，發展別的實業，特別是工業。他們便以工業的製造品，賣給別國，以賺來的錢，再從他國買進糧食，來維持本國過剩人口的生活。據哈佛大學易司特教授的估計，英國的農產，只能維持本國人口百分之四十一的生活。比他各國的農產物，如俄國，只能維持本國人口百分之七十二，義大利只能維持本國人口百分之六十四，比利時只能維持本國人口百分之三十七。又如日本，人口總計有六千餘萬人，但本國的糧食，只能養活四千餘萬人。所以這些人口密度過高的國家，許多都靠別國土地的生產，來維持其生活。這些農業不能自給的國家，既然要靠自己的工業品，去換別人的農業品，所以他們在國際貿易上的商場，如給別人佔去了，本國人的生活，便要起很大的恐慌。我們可以拿英國近年來的情形，做一個例子。英國的紡績工業，在各種工業中是最發達的。他們紡績出來的貨物，有五分之四要運到外國去，本國的市場，只能銷去五分之一。這些運往外國的紡績品，在英國的出口貨上，佔一個極重要的位置，他的價值，要佔出口貨全體價值百分之二十，有時或達百分之三十。這些紡績品，假如在國外的市場上，銷得出去，以所賺來的錢，換得糧食歸來，那自然是很好的。不過英國的海外市場，並不是顛撲不破的。在一八九〇年，英國的紡績品，有百分之四十，銷在印度，近來只能銷百分之三十了。以前有百分之十一在中國，近來只能銷百分之八了。東方的市場，在一九一〇年，要銷英國出口的紡績品百分之五六．四，一九二〇年，便降低至百分之四三．六。在一九一三年，英國出口的布疋，長達七十萬萬碼，近來只有四十五萬萬碼。英國在東方的紡績品市場，所以衰落的重要原因，一因印度與中國的紡績業，日有進步，二因有日本與之競爭。這兩種勢力，不是英國工業的能力所能打破的。所以英國紡績品商場在東方的喪失，不是暫時的現象，而帶有永久的性質。英國的失業問題，有一部份未始不是由於這個重要的原因造成，所以專靠國外的商場，來維持國內的工業，乃是很危險的。

不過這些農業不能自給的國家，其危險還不只此。我們還是以英國來做例子。英國現在糧食不能自給，所以要向外國買進糧食。現在供給英國糧食的主要國家，有澳大利亞，有加拿大，有印度，有阿根廷。印度的人口密度，比較是高的，所生產的糧食，大部份自己銷耗，只有一小部份運出。這一小部份能夠運出，乃是因為印度人的生活程度太低，正如中國近年有雞蛋輸出，並非因為中國人自己吃了還有得多。乃是因為中國大多數的人民，還沒有達到吃雞蛋的生活程度所致。假如印度的生活程度，略為提高一點，便沒有多餘的糧食運出的。其餘的國家，所以有食物運出，乃是因為本國的人口稀少，農產品用之有餘所致。但是這些國家的人口，還在那兒膨漲的。有一個學者估計，以為加拿大與澳大利亞，在三十年之後，便不能有食物輸出，因為在這三十年內加增的人口，要把餘下來的食品都消耗了。這個估計，也許是不對的，不過這些國家，將來或無食品輸出，並不是不可能的事。只看美國在十九世紀，輸出的食品，數量甚鉅，近來因為本國的人口加增，輸出的數量，便減少了。假如現在有食物輸出的國家，將來停止或減少食物的輸出，那麼這些農業不能自給的國家，又要遇到一個嚴重的問題。由此看來，本國的農業，不能自給，想靠別種實業，來維持過剩的人口，雖然是一個普通的辦法，雖然是一個為許多強國所採用的方法，卻也是一個帶有危險性的方法。

第二類的國家，可以北美的加拿大、美國、南美的阿根廷、海洋洲的澳大利亞、新西蘭等國例。這一些國家，除去美國之外，其餘四國的人口密度，每方公里都不到五人。美國的人口密度，每方公里也有一五．六人。除開加拿大不算，其餘的國家，從事農業的人口，都不到百分之三十；從事工業的人，都比從事展業的人還多。加拿大國中從事農業的人，也不過百分之三五。他們從事於農業的人甚少，乃是與第一類的國家如英、德等相彷彿的。但有一點與他們卻大不相同，便是這些人口密度較低的國家，從事於農業的人雖少，但農產品卻可自給。不但是可以自給，還有多餘，可以出售。這些國家的生活方法，是最可羨慕的。他們國中從事農業的人，大都用機器生產，所以每家的農場很大，每人的效率極高。美國從事於農業的人，不過一千萬左右，但美國在一九二六年所產的小麥，要佔全世界所產的百分之二二．八；所產的玉米，要佔全世界的百分之六〇．九；所產的棉花，要佔全世界的百分之六二．二。他們以少數的人，在農場上工作，便可供給全國人民的衣食而有餘。其餘人口的時間與精力，便可用在別的上面，來加增國內人口的福利。那些在工業中謀生的，也是用機器來製造物品，所以他們的效率，也較別國的工人為高。一九二七年，李德教授曾在《大西洋月刊》中發表了一篇文章，比較各國的工人效率，以中國為最低，美國為最高，如下表：

國名	工作效率	國名	工作效率
中國	一	印度	一·二五
俄羅斯	二·五	意大利	二·七五
日本	三·五	波蘭	六
荷蘭	七	法國	八·二五
澳大利亞	八·五	捷克斯拉夫	九·五
德國	十二	比利時	十六
英國	十八	加拿大	二十
美國	三十		

換句話說，美國一個工人的生產力，能抵得過三十個中國工人，這並不是因為美國的工人，有天生的神力，為中國人所不及，乃是因為他們有機器幫助的緣故。他們工作的效率既高，所以工資也高。工資既高，購買力便大。購買力大，生活程度自然使提高了。現在世界上的國家，沒有一國人民的生活程度，可與美國相頡頏的。美國所以能做到這一步，從我們的觀點看來，一因人口與土地的比例，保持得很適當，既不過多，也不太少。二因他們在各職業中的分派，甚為得法，所以能夠做到農業既足自給，工業也很發達。各業中的人民，彼此交易貨品及服務；因而可使全國人的生活程度，得到平均的提高。我們於此又須注意的一點，便是美國工業品的出路，與英國不同。英國的海外貿易，極其重要。美國本國有一萬萬以上的人口，所以國內商場，較之海外市場，尤為重要。這種建築在國內商場上的工業，其基礎自較穩固，其危險自然較低。加拿大與阿根庭等國，現在是向美國那條路上走，將來人口加增一些，能夠充分的利用本國的富源時，也許可以步美國的後塵，與美國人享受類似的生活程度。不過我們雖然贊美這些國家的人口密度及職業分派，並不就說這些國家中的人民，生活已無問題。近年美國各業的衰落，以及失業人數的眾多，表示他們的生活裏，還有很嚴重而急待解決的問題。但是解決他們的問題，須從經濟制度上著手，不是改良人口密度及職業分派所能救濟的，所以不在本題討論之內。

第三種的國家，可以俄國為代表。俄國的人口密度，每方公里不過六．九，與第二類的國家相彷彿。但俄國的職業分派，根據一九二六年的統計，卻與第二期的國家大異。他們在農業中謀生的，佔有職業的人百分之八六．七，在工業中謀生的，只佔百分之七．七。由此可見俄國在實行五年計劃以前，還是一個農業的國家，一個人口密度很低的農業國家。與俄國的情形相彷彿的，世界上大約還有，不過這一類的國家、文化比較落後，統計每不完全，我們很難引證來作參考就是了。俄國的問題，不在人口與土地的比例，而在職業上的分派。他們從事於農業的很多，但他的農業，在五年計劃以前，與美國有一點是大不同的，便是用機械的地方很少。現在他們的計劃，一方面想法使農業機械化，一方面設法發展農業以外的實業，如工業交通業之類。假如有一天，俄國能使在農業中的人民，降低到百分之三十以下，同時在農業以外謀生的人，也能加增到相當的程度，那麼俄國人的生活程度，一定比現在要提高許多，遠非歐亞諸國所可及了。不過那一天如果來到，俄國便不是我這兒所說的第三種國家，而成為第二種國家了。他在人口密度上，將與美國相彷，在職業分派上，也將與美國相彷。這兩個國家，都有一萬萬以上的人口，都有偉大的富源，所不同的只在經濟制度一點。那時我們比較兩國的生活程度，便可發現到底資本主義的國家中人民的享受，是否比得上社會主義的國家。

除卻上面所說的三種國家之外，還有第四類的國家，其特點有二。第一，他們的人口密度，比較的高，每一方公里，人口在五十以上。第二，他們的謀生方法，以農業為主體。在農業中的人口，要佔百分之七十以上。換句話說，他們的人口密度，有點像第一類的國家，但職業分派，卻像第三類的國家。他們與第二類的國家，剛處相反的地位，毫無相同之點。這一類的國家，可以亞洲的印度、歐洲的布加利亞、羅馬利亞為例。我們中國，也屬於這個團體。這些國家的人口，有一共同之點，便是貧窮。國們主要的謀生方法，既然是農業，但以國內人口繁密的緣故，所以每家分得的農場，平均便不很大。他們辛辛苦苦，靠自己的勢力，在農場上做工，一年的收入，最多只有做到溫飽兩字。一遇凶年及災亂，便有凍餒之憂。他們的收入既然不多，所以除卻衣食住的消費之外，便沒有別種享用可言。他們終年碌碌，所為何來，無非為自己要吃飯，一家人要吃飯而已。吃飯這一件事，在生活程度高的國家，雖然也佔一個重要的位置，但他們除去吃飯之外，還有別種享樂。據一九一三年的調查，澳次利亞工人的費用，平均花在食物上面的，只佔訂分之三四．八。又據一九一八年的調查，美國一萬二千〇九十六個勞工家庭，平均用在食物上的款項，佔全體用款百分之三八．二。一九二二至一九二四年之間，美國勞工局調查了二千八百八十六個農民家庭，發現他們用在食物上的款項，佔全體用款方分之四一．二。他們多餘的金錢，便用在別的上面，以滿足他們生活上的慾望。但是像印度中國這些國家，情形便大不同。根據一九一三至一九一四年的調查，印度孟買的工人，全年的消費，用在食物上的，要佔百分之八一．七。中國各地人民的生活程度不一，但大多數的農工階級，全年金錢銷耗在食品上面的百分之六十以上，高的要達百分之八十以上。他們在食物上面，所花的錢，其百分數雖如此之高，但從營養方面看去，還遠不如歐美的工人。別的享受，更不能比較了。這種悲悽的現象，一方面表示這些國家裏人口過多的壓迫，一方面也表示人力的未盡，不知在農業以外，去開生財之源。為提高這些國家中的人民生活程度起見，人口密度與職業分派兩點都需要改良的。

總括起來，我們可以說，從我們的觀點看去，第一類的國家，人口密度需要改良。第二類的國家，人口密度與職業分派皆頗合式，可為模範。第三類的國家，職業分派，需要改良。第四類的國家，人口密度與職業分派，都有改良的餘地。中國既然屬於第四類的國家，所以中國人的問題最為艱難，而中國人對於改良的工作，也應當特別努力。

二二，十，二八。

（原刊於《獨立評論》第七十五號）

民族學材料的利用及誤用

民族學是一門新興的科學，它的職務，是在研究初民社會或野蠻部落中的各種生活狀況及其文化成績。這種研究的報告，每年都有許多印行出來。研究別種社會科學的人，常常利用這些報告中的材料，來解決他們科學中的許多問題，就中以在社會學的園地中工作的人，利用民族學材料的地方為最多。他們所以要用民族學材料的原因，大略有下列數點。

第一，一部份研究社會學的人，以為近代的文明社會，太複雜，不易了解。但是文明社會中的各種制度，其模式（Pattern）在原始社會中都找得到，所以如欲了解近代社會，可從原始社會下手。譬如近代的貨幣制度，包括金銀本位問題、鈔票問題、銀行問題、匯兌問題、信用問題、物價漲落問題，是非常難懂的，我們如想從這些複雜的事實中，去了解貨幣的功用，不知要花去許多功夫，才可以達至目的。但是我們如到原始社會中去研究貿易的情形，那麼貨幣的功用，便可一目了然。有了這種智識作根據，再來研究近代的制度，是一個由簡至繁的自然步驟，收效一定是事半功倍。這樣的研究原始社會，乃是為了解近代社會立基礎，當然是可取的。

第二，研究社會學的人，從民族學的材料中，可以看出一種社會制度，可以有多少表現的方式。中國的老學究，以為男女的結合手續，只有一種可能的方式，便是父母之命，媒妁之言。那些到歐美各國遊歷過的人，知道此方式之外，還有自由戀愛的方式。不過我們再進一步，去看初民社會，就知道除卻這兩種方式之外，還可以有掠奪的方式，交換的方式，（甲娶乙家的女兒，乙娶甲家的女兒），服務的方式，（婿往岳家服務若干年，便可得妻），購買的方式，租借的方式，轉讓的方式（甲看中了乙的妻子，可以出若干代價，求乙轉讓），繼承的方式，贈與的方式，以及其他各種不同的方式。又如婚姻制度，在文明的國家中，只知道有一夫一妻及一夫多妻的方式，但從民族學的材料中，我們還可以發現下列種種方式：（一）一妻多夫。（二）團體婚姻。（三）試婚，以若干時日為期，期滿如女方未生子或未受孕，可以解婚。（四）暫婚，男子出獵或遠行，與女子定數月或半年之婚約，期內同居並盡經濟上互助的義務，期滿解散。除婚姻外，別種社會制度，我們也可在初民社會中，發現種種不同方式。由這類的研究，我們可以知道，在不同的情形之下，人性有何種不同的適應及表示，許多環境論與遺傳論的官司，都可以利用這類的材料來解決。

第三，我們可以利用民族學的材料，來研究文化中各部份的相互關係。譬如現在最流行的經濟史觀，以為文化中的經濟部份，對於別的部份有莫大的影響。經濟組織是社會的基礎，別的文化，如家庭、政府、宗教之類，都是上層建築，只要經濟組織變動了，別的文化，非跟著變動不可。我們很可利用民族學的材料，來考察這種理論，是否可靠。英國已故的社會學者霍布浩，就做過這種工作。他搜集了好些關於初民社會的報告，依著他們的經濟狀況，分為八組：（一）

低級遊獵民族，（二）高級遊獵民族，（三）與農村為鄰的遊獵民族，（四）低級畜牧民族，（五）高級畜牧民族，（六）低級農業民族，（七）中級農業民族，（八）高級農業民族。這八組的生產方法，是不同的。霍布浩更進一步，分析這些民族的別種文化，看他是否因生產方法之不同，而呈不同的花樣。結果是不盡然。生產方法不同的民族，在別的文化部份，可以相同，如低級遊獵民族中，有母系家庭制，在高級農業民族中，也可以有母系家庭制。反之，生產方法相同的民族，在別的文化部份，儘可大不相同，如中級農業民族，有行一夫一妻制的，也有行一夫多妻制的，也有兩種制度兼行的。霍布浩的研究，是從經濟制度出發的。我們可以仿效他的方法，從政治制度出發，或從宗教制度出發，看看在不同的政治制度及宗教制度之下，別種文化，是否也不相同。這種事實的研究，如果加增起來，我們也許有一天，可以回答社會學中一個中心的問題，便是各部分文化相互關係的問題。

以上所提出的三種人，可以算是善於利用民族學材料的，可惜在中國做這種工作的人還不很多。另外還有一種人，他一樣的利用民族學的材料來解決一個理論的問題，可是這一種人，與其說他利用民族學的材料，不如說他誤用民族學的材料。我所指的這種人，便是那些以進化論的眼光，想從民族學的材料中，來追溯文化演進的過程及階段的。中國現在能利用民族學材料的人雖少，而誤用民族學材料的人，卻已層出不窮。特別是摩爾根的《古代社會》一書，已經譯為中文，許多研究社會的人，受了他的暗示，誤入歧途的頗為不少，所以我們對於這一派的學者，不得不加以批評。

這些誤用民族學材料的人，腦筋中都有一個問題，而這個問題，又不是用歷史上的材料所能解答的。他們研究文化的發展，從現代追溯而上，到沒有歷史記載的時代，還沒有看到這些文化制度的起源。人類的歷史，最少也有百萬年，其中只有數千年有歷史的記載。所以人類所演的戲，前幾幕的情形如何，不是從歷史中可以得到答案的。但是研究文化史的人，總要想法去猜這個文化源流的謎。他們從歷史中既然得不到答案，於是轉移眼光，到民族學的材料中，去求答案。他們以為這些文化落伍的民族，可以代表我們老祖宗的情形，假如我們想要知道我們的祖宗，過的是什麼生活，只要去看看這些野蠻民族就行。用這種眼光的去研究民族學的人很多，到了摩爾根，可謂集斯學之大成。他的《古代社會》，是於一八七七年出版的，他在這本書的第一章裏，把人類文化史分為七個時期：（一）野蠻初期，自有人類起至火的發現及知捕魚時為止。（二）野蠻中期，自知捕魚及用火起，至弓箭的發明為止。（三）野蠻上期，自弓箭的發明起，至陶器的發明為止。（四）半開化初期，自陶器的發明起，在東半球，至畜牧的發明為止；在西半球，至玉米的種植及灌溉技術的發明為止。（五）半開化中期，起點已如上述，止點為鐵的發現及利用。（六）半開化上期，起於鐵器的利用，至文字的發明為止，（七）文化時期，自文字之發明起以至於近代。摩爾根以為在野蠻社會中，發現了我們文明社會的上古史，所以他說，假如我們想知道我們的祖宗在野蠻時期的生活，可以去研究澳大利亞的野蠻民族。如想知道他們在半開化時期的生活，可以去研究北美的紅印度人。

摩爾根所定的階段，是以全文化為對象的，此外還有研究經濟、家庭、政治、宗教、藝術等制度的人，用同樣的方法，把每種制度的演化，分為若干階段或若干時期，如把經濟的進化，分為採集、漁獵、畜牧、農業、工業等時期，把家庭的進化，分為雜交、團體婚姻、母系、父系、一夫一妻制等時期，乃是最流行的。他們所根據的材料，差不多都是民族學的材料，因為上面已經說過，歷史家是不能告訴我們人類原始的情形的。

為什麼我們要說這些階段論者，誤用了民族學的材料呢？

第一，我們要知道階段是一個時間的概念，而民族學所供給我們的，乃是一些空間的材料。民族學告訴我們澳大利亞有些民族，還在過採集的生活，非洲有些民族，過畜牧的生活，美洲的紅印度人，過農業的生活。澳大利亞的民族，是否會發展到畜牧的階段，科學家如只是根據事實說話的，自然不必預言。紅印度人是否經過了前兩個階段或三個階段而達到農業的階段，科學家如只是根據事實說話，自然也無從推測。摩爾根的階段論以及其他學者的階段論，若是關乎有史以前的，都是一種假設。這種假設，不是用民族學的材料來變戲法（把空間各民族的文化方式，變為時間的各階段，等於一種變戲法。）所可證明的。

第二，階段論是與許多文化傳播的事實相衝突的。我們知道文化的發展，不只靠本族的發明，也靠異族文化的傳播。非洲用石器的人，不必經過銅器的階段，就可以到鐵器的階段，因為那些用石器的人，一與用鐵器的歐洲人接觸，就用起鐵器來了。拜物教通行的民族，不必要經過若干時期的發展，才達到一神教。歐美的傳教師，在他們的社會中活動，就可使他們的宗教，向另一途徑發展。所以這種循序漸進的階段論，是與許多事實不符的。

第三，階段論沒有知道文化的發展，可以循四種不同路線的。同樣的起源，同樣的結果；是一路線，也是階段，論者所看到的路線。異樣的起源，同樣的結果，是第二路線，或可稱為殊途同歸的路線。如希臘時代，有奴隸生產制度，美國的南部，在十九世紀初葉以前，也有奴隸制度，但這兩個國家，是由異樣的起源達到同一制度的，他們在採用奴隸制度以前的社會狀況，決不相同的。同樣的起源，異樣的結果，是第三路線，如基督教的起源，是相同的，但在意大利，在西班牙，其發展的結果，與在英美的基督教不同，便是一例。異樣的起源，異樣的結果，是第四路線，我們如以現在文明各國的文化，與天涯海角的部落文化相比較，便可明瞭此點。假如我們承認文化的發展可以有後列的三條路線，便不能承認階段論。

由於以上的討論，我們便可知道文化並無循一固定路線發展的理由，無可以證明人類已往文化，係循一固定路線發展的事實。那些想從民族學的材料中，追溯人類文化發展史的，不是緣木求魚，便是刻舟求劍，結果是一定勞而無功的。

二二，十一，十八。

（原刊於《獨立評論》第七十八號）

社會學觀點的應用

社會學的觀點，是一種綜合的觀點。在研究社會時用得著，在改良社會時也用得著。

先說社會學的觀點，對於研究社會的貢獻。我們在研究某種社會問題之先，總要有幾種假設，有了假設，才可以著手搜集材料。這些假設，都是從我們的觀點中脫胎而來的。譬如抱有地理觀點的人，對於一個社會問題的發生，總要看他是否與地理的元素，如土地、地形、氣候等等有什麼關係。抱有經濟史觀的人，對於同樣的問題，總要看他是否受生產力或生產關係的影響。受過別種訓練的人對於這個問題，又有別種不同的看法。本來在社會科學中，是主張分工合作的。所以各人從他的觀點出發，去研究一個問題，把他的發現貢獻於社會，同時虛心的去接受別人由別種觀點出發研究出來的貢獻，彼此互相切磋琢磨，對於社會真理的發現，一定格外要有把握。可是從過去的經驗看來，這種目標，每每不能達到。一個人在研究社會時，如只有一種觀點，每易迷信他的觀點。觀點原來是研究的工具，但只有一種觀點的人，每每變成觀點的奴隸。他只知道從他的觀點去看社會，他不知道社會還有第二種的看法。他以為社會的組織及變遷，只受他所認為重要的元素所影響，絲毫不為他那觀點以外的元素所左右。這是反科學的態度。社會科學到了這種人的手裏，都變成玄學了。現在國內有許多只念了一、二本小冊子的人，熟讀了幾句公式，便在那兒高談社會問題，都是受了這種社會玄學的流毒。

社會學為矯正這種錯誤的，一元的觀點起見，所以提出一種綜合的觀點來。這種觀點，承認地理的、生物的、心理的、文化的，（包括政治、經濟、法律、家庭等等）元素，對於人類的社會生活，都是有影響的。但是某一個社會問題，到底是那些元素所造成的，非研究以後，決不先下斷語。但在研究之先，我們無妨假定他與許多元素有關係的。譬如我們研究犯罪問題，無妨假定犯罪這種行為，與氣候有關係的。有了這種假設，我們方可著手去搜集與這個問題有關的材料。但是假設並非結論。假設是可從腦中想出來的，而結論則要從事實中「搜括」出來。這是一種很費時間與氣力的工作，所以那些喜歡偷懶背公式的人，最不喜歡走這一條路。因為我們花了許多工夫去搜集材料，有時固然可以證明我們的假設是對的，有時也可以證明我們的假證完全錯誤。但這是做學問的人所需遇到的事。一個假設不對，我們可以換第二個假設。一個觀點不夠用，我們可以加上第二個觀點。譬如我們在研究犯罪與氣候的關係之後，覺得所得的智識無幾，便可換一個觀點，採取別一種假設，搜集另一類的事實，再看結果如何。總之，我們應當從事實中求結論，不可把結論嵌在事實上面。這是社會學告訴我們在研究社會時應取的態度。

這種綜合的觀點，也許要引起一種誤會。我記得有一次對人談這種「綜合」的觀點，而聽者誤會為「中和」的觀點。於是他推衍下去，以為社會學的觀點，是一種調和的觀點，是一種折中的觀點。這實在是一個大錯誤。我們要知道科學的目的在求真理，那一種結論是正確，那一種結論是錯誤，我們都可以根據事實而下判斷的。假如事實不夠。我們便不下斷語。所以在社會科學的園地裏，用不著調和，更談不到折中。我覺得社會學者研究一個問題，其採取的觀點，與西醫判斷病症時所採取的觀點是一樣的。一個細心的西醫，遇到一個發熱的病人請他判斷，他所採取的觀點，便是綜合的觀點。他心中先有許多假設。他以為這個病人的發熱，也許由於傷寒，也許由於瘧疾，也許由於肺癆。他搜集若干材料去分析，然後根據事實下判斷。假如事實告訴他，病人的發熱，由於傷寒，他便這樣的說。他決不調和，也不折中。假如病人的發熱，是由於肺癆兼傷寒，有事實可以證明，他也便這樣的說。這是根據事實說話，也不算是調和與折中。社會學者在研究社會時所取的態度。亦復如比。

我們再說社會學的觀點，對於改良社會的貢獻。我們根據許多理論的分析，知道社會上一個問題的發生，其原因是很複雜的，所以要解決一個問題，須有許多訓練不同、技術不同、地位不同的人，從各方面去努力。社會上的問題，決不是某一種人所能解決得了的，也不是實行某一種方案便能解決的。在這種觀點之下，天下興亡，匹夫有責的哲學，才可以實行；合作才有基礎；共同努力，才有意義。可是現在一般從事改良社會工作的人，每每不能了解這種觀點。他們根據自己的經驗或訓練，每每認定一種工作，是唯一的改良社會工作，只有從事這種工作的人，才有價值，才不枉生於天地之間，才是真正的有「最後的覺悟」者。他們每每把別人的工作看得不重要，甚至於加以鄙視，加以攻擊。在這種觀點之下，合作的精神，決定不能產生。有時抱共同目標的人，因為採取方式的不同，甚至互相敵視。這是改良社會的工作中，一個最大的阻礙。所以我們要在這些人的當中，提倡一種綜合的觀點，要他們知道改良社會的重擔，不是一種人所能挑得起的，要大家從各方面去努力，才可以達到我們共同的目標。我們決不要學時髦，決不要以為有些要人在那兒提倡工程救國，我們大家都去學工程；有些學者在那兒提倡教育救國，我們大家便都去辦教育；有些志士在那兒提倡復興農村，我們大家便都跑到鄉間去。這並不是反對學工程，辦教育，跑到鄉間去。我們承認這都是應當做的；但應做的，決不只此。我們應當顧到自己的興趣，自己的訓練，選擇一種我們能夠做得最好的工作。要知道我們如把自己所能做而且做得最好的工作做到了，對於改良社會的事業中，我們便有貢獻。我們要殷勤的耕耘自己的園地，不要聽到別處的呼聲，便拋下我們的鋤頭，跑到別人的田園中去湊熱鬧。同時我們對於別人的工作，只要他是有價值的，我們應當從旁給以可能的贊助。我們至少要成人之美，決不要破壞人家的事業。

或者有人要問，在這種觀點之下，是否一切救國或改良社會的工作，都有他們的地位呢？我們的答案是：社會學的觀點，是一種科學的觀點，所以一切改良社會的工作，只要他有科學的理論作基礎（雖然只有科學的基礎是不夠的，但這不在本題範圍之內，故不贅。），證明他的工作，對於改良社會確有貢獻，我們便承認他有相當的地位。反是，假如在科學的眼光中，是站不住腳的，如誦經救國，反對開掘古墓以維持世道人心等邪說，我們都要反對，認為不但不能改良社會，反使社會的腐化及愚化加深。所以綜合的觀點，並不是要把三教九流的人，都收在一個旗幟之下；乃是要喚起一般受過科學洗禮的人，鼓起他們的熱心，利用他們的智力，合作的，殊途的，朝著改良社會或救國的大目標前進。

七月二十一日。

（原刊於《獨立評論》第一一一號）

發展都市以救濟農村

農村破產，在中國已經成為有目共睹的事實。社會上已有許多熱心的人士，在那兒作救濟農村的工作，有的從政治入手，有的從教育入手，有的從自衛入手，還有許多走別的途徑，去幫助農民的。可是在這種救濟農村的潮流之下，很少有人從發展都市著眼去救濟農村的。不但如此，社會上還有許多人誤認都市為農村的仇敵。他們以為都市對於農村，不但沒有貢獻，反可使農村的破產加深。這種誤解，是應當矯正的。

我們應當首先明瞭發展都市的意義。中國的都市，人口在十萬以上的，據專家的估計，雖然有一一二個，但是我們如仔細分析這些都市的組織，就可知道他們是不完備的，決不能充分行使都市應盡的職務。比較發展完備一點的都市，如天津、上海、漢口、廣州等等，雖然在國內已經可以稱雄，但如與外國的都市，如倫敦、紐約等比較下，就可知道中國的部市，還是幼稚，離「成年」還遠得很呢。我們應當努力去發展他，使他對於附近的農村，有更大的貢獻。

發展都市的第一種事業，便是興辦工業。美國在一九二七年，全國的工業，共有三三五種，其中在紐約可以找到三零五種，在支加哥可以找到二七五種。中國的新式工業，據實業部的調查，共有九十八種，其中在天津只可找到三十九種，在漢口只可找到二十種。我們只把這些數目字比較一下，就可知道中國的都市中，可以發展的工業還多。假如天津能多添二十九種工業，河北省農村的農民，便可添許多出路。中國農村中人口太多，嗷嗷待哺者眾，是農村中最難解決的一個問題。農業中已經無路可走了，我們只有希望全國的都市，從發展工業上努力，那麼一部份的農民，遷入都市，固然可以有立足之地，就是那些留在鄉下的農民，因爭食者減少，生活也可略為舒適一點了。

發展都市的第二種事業，便是發展交通。每一個都市裏面的領袖，都要設法認清，那一部份的內地，是他的勢力範圍，是他的基本市場。在這個廣大的市場裏，應開設鐵路、公路、航路以及空路，使這些散佈各處的鄉村，與都市有交通上的聯絡。我們都知道從支加哥出發的鐵路，共有三十三條，這三十三條鐵路，把支加哥與附近數百英里的農村與市鎮，造成一種「如膠似漆」的關係。鄉村中農民的貨物，望都市中流去，比較的可以得到善價，這些農民的購買力加增，都市中的製造品便多一條銷路。

所以交通的發達，是對於都市與鄉村兩便的事。我們再舉一個例來證明此點。天津的商人，現在到山西的黃河東岸一帶收集雞蛋，是一種費精神而且吃苦的工作，同時黃河東岸的雞蛋，也只值七、八文一枚，因為運輸不便，蛋價如果提高，津商便不肯要。假如有一日天津與山西的黃河東岸，有直通的鐵路，天津的商人，與黃河東岸的農民，便都互受其利了。都市與他的內地，交通固然要便利，都市與都市間的交通，也應當發展，如此，在本市銷不完的貨物，才可很方便的連到別的都市中去。各地的農民，假如都有這種便利，他的農產品，便不致受當地市價的限制，奸商對於他們剝削的能力，便要漸漸消滅了。

發展都市的第三種事業，便是擴充金融機關。中國的都市中，新式的金融機關，如銀行、信託公司之類，未嘗沒有，可惜它的事業，只限於都市中，以致不能充分盡職。合理的組織，應當把總行設於都市裏面，而把支行或代理處分佈於內地各處。這樣，一方面可以吸收內地的現金，來做生產的事業；一方面又可放款於內地，使農民減輕利息上的負擔。現在中國的銀行，在內地有支行的頗少，所以有些地方的農民，略為有點積蓄，因為無處存放，只好埋在地下，或鎖在箱裏，這些擱置起來的資本，合起來一定很有可觀。假如銀行在這種地方有支行，那麼現在埋藏起來的資本，都可以流動起來了。另外一些地方，農民需款很急，可是無處可借，即使借得到，每月的利息，也常在二、三分以上。假如都市若擴充金融機關，設立支行於這種地方，那麼高利貸者便無所施其技，豈非農民的一種福音麼？

發展一個都市，應當努力的方向還多，以上提出的三點，不過舉例以見一斑，假如都做到了，對於農民的貢獻，是很顯然的。都市與鄉村的關係，不是敵對的，而是互助的，於此可見。

最後，我還願意提出一點意見，以供都市中領袖的採擇。中國的領袖，與別國的領袖一樣，無疑的都集中在都市裏面。但中國的領袖，似乎缺少了一種「都市意識」。譬如天津工商業的領袖，有幾個人知道天津的勢力範圍，包括一些什麼地方？他們有幾個人知道東南到什麼地方，便侵入濟南、南京，或上海的勢力範圍，西南到什麼地方，便侵入鄭州，或漢口的勢力範圍，曉得那些地方，是他的都市的勢力範圍，因而出全力去經營這些地方，使這些地方與他的都市，共存共榮，便是我所謂的「都市意識」，假如每個都市中的領袖，都有這種都市意識，然後根據此種意識去努力，那麼中國現在雖然經濟蕭條，農村破產，將來總有繁榮的一日。

（轉載《大公報》九月九日〈星期論文〉）

（原刊於《獨立評論》第一一八號）

中國的政制問題

去年這個時候，關於中國政制的問題，曾引起輿論界很熱烈的討論。參加的人雖然很多，似平並沒有得到一致的結論。今年這個問題，又因汪蔣兩先年的通電，重新引起大家的注意。我對於這個問題，覺得應該分作三方而種論：

第一，中國現在實行的是一種什麼政治？是獨裁政治？還是民主政治？這是一個事實的問題。

第二，我們願意要有一種什麼政治？這是一個價值的問題。

第三，怎麼就可以達到我們願意要有的政治？這是一個技術上的問題。

我覺得總要把這三點分清，然後討論時彼此才能互相了解，不致誤會。關於第一點，我以為大家對於事實的認識，應當是一致的，但從近來所發表的言論看來，似乎現實雖只一個，而各人的看法卻有不同。我個人的看法，以為中國現在的政治，是一黨獨裁的政治，而在這一黨獨裁的政治中，少數的領袖，佔有很大的勢力。我這樣說法，請讀者不要誤會我把中國的政治，與意、俄的政治歸於一類，因為在一黨獨裁這一點上，這幾國雖然相同，而在若干具體的表現上，這三國的政治，是有很大差異的。我說中國現在的政治是一黨獨裁，因為現在政治中內政、外交諸大問題，只有一黨的黨員，可以過問，別人是沒有這種權利的。關於此點，不但在野的人，有許多是這樣看法，就是在朝的人，也是同意的。

關於第二點，因為包含一個價值問題，所以意見就紛歧了。去年我曾寫了一篇〈革命與建國〉的文章（《獨立評論》第八十四期）裏面提到除卻武力統一的方式外，我們看不出還有什麼別的方式，可以完成統一的使命，於是有人以為我是贊成獨裁的。其實這種推測是錯誤的。我在那篇文章裏，討論的是一個事實的問題，或技術問題，而贊成獨裁與否，乃是一個價值問題，決不可混為一談的。關於獨裁政治與民主政治的選擇，我與胡適之先生的意見是相同的，我們贊成民主政治。我個人贊成民主政治的理由是很簡單的。第一，民主政治是理智的政治，誰能夠說服大眾，誰就可以當權。第二，民主政治是自由的政治，我們的主張，無論是贊成政府，或反對政府，都有充分發表的機會。第三，民主政治是和平的政治，假如我們對於政治不滿意，可以提出我們的主張來，以求民眾的擁護，假如民眾贊成我們，我們便可上台，不必流血，不必革命。第四，民主政治是大眾的政治，凡是公民，都有參政的權利與義務，民眾與政治，可以打成一片，沒有統治者與被治者的分別。因為民主政治有這四種特點，所以我個人如在各種政治中可以自由選擇，我是一定選擇民主政治的。不過我在前面已經提到，這是一個價值問題，好像羅素曾說過，凡是價值問題，都沒有絕對標準的。我們只能提出我們以為是好的，希望別人都能與我們同意，但別人如不同意時，我們也沒有方法，可以證明我們的價值，是至高無上的。

但是據我的觀察，中國的智識階級，多數是偏向民主政治的，就是國民黨在理論上，也是贊成民主政治，不過覺得實行民主政治還沒有到時候就是了。所以我們所希望的民主收治，前途是沒有阻礙的，用不著像法國那樣革命方可達到的。不過革命的工作，雖然可以避免；而和平的工作，亟待努力的，真是不可勝舉。在這些和平的工作沒有完成的時候，民主政治是無法實現的。這些和平的工作是什麼？便是我上面所說的第三個問題，技術上的問題。

民主政治，在一個國家裏，能否推行，要看這個國家是否具備下列五個條件：

第一，便是政黨的組織，但政黨的數目，一定要在一個以上。

第二，是自由的討論，對於國家大事，不但要有發表意見的自由，而且還有人肯來利用這種自由。對於國事漠不關心或不知關心的人民，決不會產住民主政治的。

第三，是普選的權利，假如選舉權只在少數人的手裏，如英國在十九世紀初葉的情彩，只可稱為階級政治，不能稱為民主政治。

第四，是多數黨執政。民眾選舉的結果，誰得著民眾的擁護，誰便掌握政權。少數黨只可在旁批評，只可設法培植力量，以求下次勝利。但決不可搗亂，不可拆台。

第五，是頻屢的選舉，每隔若干年，立法員及主要的行政首領，要讓民眾重行選舉一次，以示民心的向背。

這五個條件，在今日的中國，或因法律上有阻礙，或因民眾的程度不夠，或因新習慣還未養成，並沒有充分實現。在條件還未完備的時候，便要把在英美實行而有成效的民主政治，硬搬到中國來，結果是一定重蹈民國初年的覆轍，使民眾對於民主政治更加一層的厭惡而已。

所以凡是贊成民主政治的人，都應該努力，在中國的環境中，培植我上面所說的民主政治的條件，這是和平的——同時卻是很吃力的——工作，大部份可以用教育的方式完成的。等到條件完備之後，再行民主政治，便如水到渠成，毫不費力了。

由於以上的分析，所以我敢大膽的推測，在最近的將來，中國還擺脫不了一黨專政的局面，但因現在專政的黨以及國內的智識階級，在價值上是贊成民主政治的，所以中國將來也許可以和平的走上民主政治的路。不過民主政治的條件，在今日的中國，是並沒有具備的，所以將來民主政治在中國是否能夠成功，便要看最近的十幾年或幾十年內我們對於預備的工作，是否做得完滿而定了。

（十二月三十日《大公報》〈星期論文〉）

〈原刊於《獨立評論》第一三四號〉

耕者何時有其田？

中央農業實驗所，在《農情報告》的三卷四期裏，根據二十二省，八百九十一縣的報告，作了一個中國各省農佃分佈表。從這個表裏，我們可以知道，現在的農民，仍以自耕農為最多，佔百分之四十六；佃農次之，佔百分之二十九；半自耕農又次之，佔百分之二十五。這個估計，與我前年在〈中國佃戶問題的焦點〉一文裏（《旁觀》第十期），及去年在〈從佃戶到自耕農〉一文裏（《清華學報》九卷四期）的估計，相差無幾。由此可見中國沒有田的農民以及雖有田而不夠的農民，仍佔全民二分之一以上，這個問題誠是人民生活中一個最嚴重的問題。民生主義裡，最重要的一部份，便是為解決這個問題而發的，可是國民政府已經成立了若干年，對於如何實行孫中山先生遺教的這一部份，竟絲毫沒有表現，未免令人感覺失望了。最可笑的，就是共產黨以前在江西實行的土地政策，某院長在公開談話中，竟說他們是從三民主義中偷去的。我們覺得主義與財富不同，是不怕別人來偷的，同時也不可學守財奴的辦法，把他藏在一個秘密的地方，而不拿來使用。現在農村中最容易受共產黨煽惑的，就是無產的佃農。為安定社會秩序起見，為組織民眾，使其一致擁護政府，作對外的鬥爭起見，耕者有其田的主張，有立即施行的必要。

我在〈從佃戶到自耕農〉一文裏，曾有一個具體的建議，即是：

> 丹麥以政府的力量，幫助農民購地，結果使國內佃戶的百分數，從百分之四十二，降低到百分之十，此舉中國頗可效法。
>
> 中國實行丹麥的政策，有三點仍須注意。第一，政府應效法愛爾蘭減租的方法，使地主肯將土地出售。第二，應以東歐各國的成例為鑒，由政府以公平的方法，規定土地的價格，俾地主不致居奇。第三，購買土地所需之款，應由政府全部借給農民。至於此種款項之來源，或由政府舉債，或發給地主以土地債券均可。政府借給佃戶購地之款，利息應低，可由佃戶將本息於若干年內攤還，其數目之多少，以不加重佃戶負擔為原則。

這篇文章，曾引起土地委員會裏一位負責者的注意，他寫信給我，與我討論兩個問題。第一，他覺得將佃農變成自耕農，農民問題，並未解決。這一點我完全同意，因為農民問題，是多方面的，解決了一個方面，並不能說整個問題已得到解決。可是同時我們也不能顧到別的方面，而把佃農問題置之高閣。第二，他提到財政問題，認為中國的情形，並不如丹麥等國的單純，所以規定應略具伸縮性，以免將來滯礙難行之弊。這一點是很重要的，所以我願意在此再討論一下。

在我上面的建議裏，並未抄襲任何國家解決佃農問題的辦法，因為中國的情形，不與任何國家完全相似，這是我們研究社會問題的人所清晰地認識的。但歐洲的農業國家，每一個國家的解決佃農問題辦法，都有一兩點可供我們參考，所以我一方面顧到本國的情形，一方面博採他國的經驗，才提出上面所提到的那個辦法，在我認為是很可行的。這個辦法的長處有三點，第一，不加增政府財政上的擔負，因為政府無論舉債，或發給地主以土地債券，都是以佃戶每年攤還的本利作擔保，政府並不要從國庫裏拿出一筆錢來，送給地主或佃戶。不過辦理這一件事，在行政費上，也許要多支出一點，但這是於人民有益的事，多開支一點行政費，只有得到人民贊助，不會引起批評的。第二，這個辦法，並不剝奪地主的既得利益，只是對於他的私產，施以統制就是了。地主對於這種辦法，如要反抗，無異播布革命的種子，為自己的幸福掘墳墓。第三，這個辦法，並不加重佃戶的負擔，可是在若干年後，佃戶便可成為地主，與現在的佃戶，永遠不能改變其身分，反將佃戶的身分，傳給子孫的，自然不可同言而語。

關於最後這一點，有詳細說明之必要，因為一方面佃戶的擔負既不加增，另一方面，這個佃戶，於若干年後，便變成地主了，許多人以為這種說法，近於神話，幾乎是不可能的。其實我所說的辦法，是很淺近的，凡略為懂得一點農業經濟的人，都很明瞭的。現在我再來說一遍。

關於佃戶的負擔，據張心一先生等調查句容的結果，得到下列的結論：

以錢租論，價值百元的田地，地主所收的租錢如下表：

上等水田	六・六元
中等水田	七・一元
下等水田	七・九元
上等旱地	六・八元
中等旱地	七・二元
下等旱地	七・四元

地主投資買地所得的利息，每年自百分的六・六，到百分的七・九。買下等田地，比買上等田地的利益大。

由此可見佃戶每年所交的租，其價值約等於田地價值的百分之六。六到七・九。我們所謂不加重佃戶的負擔，是想一方面幫助佃戶購入所耕的田地，一方面要使佃戶每年所攤還的本息，不要超過他平時所交的租的價值。

其辦法可舉例如左：

今有地主甲，有地值一百元，租與佃戶乙耕種，每年收租平均為七元。政府可令地主甲將土地讓與佃戶乙，給甲以值洋一百元的土地債券，而令乙分期將此一百元的本利還清。為欲使佃戶的擔負不加重，利息可以定為每年六厘，這與現在地主所收的租值相比，似乎低了一點，但與減租後的租值，相差無幾。佃戶乙平日交租時，係一年兩次，現在還本息的辦法，也是每年兩次，每次三元五角，共為七元，與平日所交的租相等。但三十三年之後，一百元的本利便完全付情，土地便完全歸乙所有了。今列表如下，以示分期攤還本息，三十三年還清的方法。

付款次數	付款數目（單位元）	利息	本期付出之本	尚未還清之本
一	三・五〇	三・〇〇	・五〇	九九・五〇
二	三・五〇	三・九八	・五二	九八・九八
三	三・五〇	二・九七	・五三	九八・四五
四	三・五〇	二・九五	・五五	九七・九〇
五	三・五〇	二・九四	・五六	九七・三四
六	三・五〇	二・九二	・五八	九六・七六
七	三・五〇	二・九〇	・六〇	九六・一六
八	三・五〇	二・八八	・六二	九五・五四
九	三・五〇	二・八七	・六三	九四・九一
十	三・五〇	二・八五	・六五	九四・二六
十一	三・五〇	二・八三	・六七	九三・五九

付款次數	付款數目（單位元）	利息	本期付出之本	尚未還清之本
十二	三．五○	二．八一	．六九	九二．九○
十三	三．五○	二．七九	．七一	九二．一九
十四	三．五○	二．七七	．七三	九一．四六
十五	三．五○	二．七四	．七六	九○．七○
十六	三．五○	二．七二	．七八	八九．九二
十七	三．五○	二．七○	．八○	八九．一二
十八	三．五○	二．六七	．八三	八八．二九
十九	三．五○	二．六五	．八五	八七．四四
二十	三．五○	二．六二	．八八	八六．五六
二一	三．五○	二．六○	．九○	八五．六六
二二	三．五○	二．五七	．九三	八四．七三
二三	三．五○	二．五四	．九六	八三．七七
二四	三．五○	二．五一	．九九	八二．七八
二五	三．五○	二．四八	一．○二	八一．七六

付款次數	付款數目（單位元）	利息	本期付出之本	尚未還清之本
二六	三·五〇	二·四五	一·〇五	八〇·七一
二七	三·五〇	二·四二	一·〇八	七九·六三
二八	三·五〇	二·三九	一·一一	七八·五二
二九	三·五〇	二·三六	一·一四	七七·三八
三十	三·五〇	二·三二	一·一八	七六·二〇
三一	三·五〇	二·二九	一·二一	七四·九九
三二	三·五〇	二·二五	一·二五	七三·七四
三三	三·五〇	二·二一	一·二九	七二·四五
三四	三·五〇	二·一七	一·三三	七一·一二
三五	三·五〇	二·一三	一·三七	六九·七五
三六	三·五〇	二·〇九	一·四一	六八·三四
三七	三·五〇	二·〇五	一·四五	六六·八九
三八	三·五〇	二·〇一	一·四九	六五·四〇
三九	三·五〇	一·九六	一·五四	六三·八六

付款次數	付款數目（單位元）	利息	本期付出之本	尚未還清之本
四十	三·五〇	一·九二	一·五八	六二·二八
四一	三·五〇	一·八七	一·六三	六〇·六五
四二	三·五〇	一·八二	一·六八	五八·九七
四三	三·五〇	一·七七	一·七三	五七·二四
四四	三·五〇	一·七二	一·七八	五五·四六
四五	三·五〇	一·六六	一·八四	五三·六二
四六	三·五〇	一·六一	一·八九	五一·七三
四七	三·五〇	一·五五	一·九五	四九·七八
四八	三·五〇	一·四九	二·〇一	四七·七七
四九	三·五〇	一·四三	二·〇七	四五·七〇
五十	三·五〇	一·三七	二·一三	四三·五七
五一	三·五〇	一·三一	二·一九	四一·三八
五二	三·五〇	一·二四	二·二六	三九·一二
五三	三·五〇	一·一七	二·三三	三六·七九

付款次數	付款數目（單位元）	利息	本期付出之本	尚未還清之本
五四	三·五〇	一·一〇	二·四〇	三四·三九
五五	三·五〇	一·〇三	二·四七	三一·九二
五六	三·五〇	·九六	二·五四	二九·三八
五七	三·五〇	·八八	二·六二	二六·七六
五八	三·五〇	·八〇	二·七〇	二四·〇六
五九	三·五〇	·七二	二·七八	二一·二八
六十	三·五〇	·六四	二·八六	一八·四二
六一	三·五〇	·五五	二·九五	一五·四七
六二	三·五〇	·四六	三·〇四	一二·四三
六三	三·五〇	·三七	三·一三	九·三〇
六四	三·五〇	·二八	三·二二	六·〇八
六五	三·五〇	·一八	三·三二	二·七六
六六	二·八四	·〇八	二·七六	—

付款次數	付款數目（單位元）	利息	本期付出之本	尚未還清之本
總數	二三〇・三四（本利）	一三〇・三四（利）	一〇〇（本）	

由上表，可見在三十三年之內，佃戶乙共付地主甲本一百元，利一三〇・三四元。這三十三年內所付的本利，等於三十三年內應交地租之數。可是照現在交租的方法，付完了二三〇・三四元的租以後，地還是甲的；而照我所提出三十三年之內攤還本利的方法，付完了二三〇・三四元之後，地便是乙所有了。這種簡便易行的方法，我們希望民生主義的信徒，鄭重的考慮一下。

二四，八，十六。

（原刊於《獨立評論》第一六五號）

論地主的擔負

吳世昌先生，在本期裏，以「鄉下人」的資格，寫了一篇〈耕者肯有其田嗎〉？在那篇文章裏，他報告了一件所謂「事實」，就是「近十年來的地主，事實已經成為替地方政府掌司賦稅的經紀人，而且是常常要賠本的經紀人。」

「鄉下人」的種類是很多的，有地主、自耕農、佃戶、僱農等等。我們現在暫且不管吳先生是站在那一種鄉下人的地位來說話，我們只願意指出他的所謂事實，是不很真確的。

關於吳先生的家鄉，所謂江浙一帶的田賦，我們已有不少的報告，現在我只把手邊所有的，舉出幾件來看看，然後再來回答一個問題，就是：「江浙一帶的地主，是賠本的經紀人呢，還是不勞而獲的剝削者？」

第一，我們看南通的情形。南通的棉田，每千步（約等於四畝）可收籽棉三擔，值四十元；棉稈十擔，值六元；麥三石，值十三元；麥稈四石，值二元，共計六十一元。每畝收入，約十五元。植棉的大都為佃農，納租約去產物十之四。換句話說，地主出租棉田一畝，可收租洋六元。南通的田賦，正稅及附加在內，每畝不過一元左右。植棉的灶地，田賦最輕，每畝只納稅一角。

地主每畝的淨入，平均約五元。佃戶於其所得的一部份中，遠要除去各種開銷，如種子、肥料、人工、役畜等等，餘下來的比地主所得要少得多。（南京資源委員會所收集的材料，未印行。）

第二，我們看武進的情形。武進中等田一畝，年可產麥六、七斗，約值三元；稻三擔，約值九元；稿稈十擔，約值五元，合計十七元。假定地主得四成，便是六元八角。武進的田賦，每畝約一元二角。除納賦外，田主在每畝田地上，可淨收五元六角。（材料來源同上）

第三，我們看句容的情形。句容縣每年應徵的賦稅，為五一四，九三九元，連手續費及供應費在內，總共是五四〇，七〇〇元。以這個數目分派給有田地的人，平均每一市畝納稅約七角。這個稅率和各等田地的租價相比，其結果如下表：

每市畝納稅率占租價之百分數

	水田	旱地
上等	二〇	四七
中等	二六	七〇
下等	三七	一〇〇

據上表，只有下等旱地，每市畝所納的稅，等於所收的租。其餘的田地，以收入的租來納稅，總是用不完的。同時我們還要記得，下等旱地所納的稅，根本便不到每市畝七角，所以就是下等旱地的地主，於收租納稅後，多少也還有點盈餘。（張心一等：〈試辦句容縣人口農業總調查報告〉）

第四，我們看吳興的情形。一個實地調查的人這樣的說：「就地主言之，上田畝收租米七斗至九斗，現值五六元，納稅去租息四五分之一。砂田畝收租米三斗左右，納稅去租息之過半。民十八浙省頒佃農二五減租暫行辦法，二十一年復加修正。時有少數佃農，要求七五折交租農，業主以撤佃相要挾，致糾紛迭起。業佃雙方，常訴請鄉鎮長仲裁，而鄉鎮長多為小地主，佃農常不得直。（萬國鼎：《吳興田賦》第六章）

第五，我們看蘭溪的情形。蘭溪縣上等田每畝收入約一六．三元，支出約一一．七元，贏利為四．六元，每畝稅率為．五三七元，畝稅占贏利的百分之一一．六。下等地每畝收入約五元，支出約三元，贏利為二元，每畝稅率為．〇八六元，畝稅占贏利的百分之四．三。這是從自耕農的立場而言。如從地主的立場言，上等田每畝收入之一六．三元中，如地主得四成，即為六元五角，除去田賦五角三分外，地主每畝　收入幾達六元。別種田地，亦可類推。（萬國鼎：《蘭溪田賦》第六章）

第六，我們再看龍游縣的情形。龍游縣穀租的高度，平均佔到收穫量一半以上。龍游縣自耕農所納的賦稅如下：從正稅附稅的總計，是五角另七厘，但加上保衛團的畝捐自治戶捐後，每畝已稅到九角另四厘了。如此，農民不問水旱災歉，納於政府者，總在百分之二十以上。這兩種統計對照一下，我們就可看出自耕農納於政府的，只佔收入百分之二十，而佃戶納於地主的，卻佔收入百分之五十。地主收到這百分之五十以後，再照自耕農的稅率納賦，他還淨得每畝收入的百分之三十。（行政院農村復興委員會，〈浙江省農村調查〉）

由上面這幾個例子，我們可以看出，在江浙一帶，佃戶獻給地主的租，比地主交給政府的賦要多。地主以收入的租，除去納賦外，是有盈餘的，所以他是一種不勞而獲的剝削者，並不是賠本的經紀人。至於吳先生所說的許多大地主，出賣宋版書及名人書畫的事，我們到相信是有的，因為這是中國歷史上敗家子弟所常做的事。不過說他們賣了這些古董去納稅，我卻有點懷疑，正如我們要懷疑一個不肖的子弟，賣了家私去嫖賭，而說是去捐款救濟災民一樣。

中國的田賦應當減輕，我也同意，不過我們如作這種提倡，乃是為自耕農著想的。至於地主，（孤兒、寡婦除外）假如政府有什麼方法，把他們那些不勞而獲的收入，盡量吸收到國庫中去，不留一個錢給他們，我們也不說半句批評的話。

二四，十，二四。

（原刊於《獨立評論》第一七五號）

中國的人口問題

中國人民的生活程度須要改進，這是無論什麼人都承認的一個目標。如想達到這個目標，有好些事是非做不可的，其中有一件便是節制人口。關於節制人口的需要，我在〈土地分配與人口安排〉（《獨立評論》一五五期）一文中已略有申述，國內人士對於此種論調，同情的固然不少，但是反對的也很多。最不幸的就是反對中國現在採取節制人口政策的人在社會上還握有很大的勢力與威權，他們的態度是使中國現在不能用合理的方法來解決中國人口問題的一個最大阻礙。為掃除這種礙起見，我們願意先把反對中國採取節制人口政策的人所持的理由加以批評，然後再作一積極的具體的建議。

一切反對中國採取節制人口政策的人可以分作四派。第一派的人，從戰爭的立場，反對中國現在節制人口。他們的思想還停留在中古時代，以為現在的戰爭還是「殺一個你死我活」的戰爭，人多者勝。中國人如想在國際戰爭中獲得最後的勝利，應當獎勵人口，不應節制人口。這一派人的理論不值一駁，凡是懂得近代戰爭的性質的人，都知道近代戰爭的勝敗並不繫於人口的多少。世界上人口最多的國家就是中國，但中國在過去的國際戰爭中總是失敗的，將來假如有戰勝別個強國的一天，決不是靠我們的人多。馮芝生先生曾說過一個很好的譬喻，他說近代的戰爭不是《三國演義》式，而是《封神榜》式，不是你一刀，我一槍，而是你用一個法寶，我也得用一個法寶來抵住。誰的法寶厲害，誰就勝利。法寶不是別的，就是飛機、大礮之類。中國沒有法寶，只用人力，是過去戰爭失敗的主因。我們撇開中國，再看別的國家，其強弱與否，是否以人口的多寡而定。除開中國不算，世界上人口最多的國家便是印度，他有三萬六千多萬人口，還逃不了亡國的命運。反是，世界上的強國如美、如俄，人口雖在一萬萬以上，但未超過二萬萬。如德、如日本，人口雖在五千萬以上，但未超過一萬萬。至於英、法、意等國，人口都在五千萬以下。由此可見中國如想強盛，並不必加增人口。

第二派的人，從生產的立場，反對中國節制人口。他們以為人口減少了，生產力便會降低。反是，如人口加增，生產力便會加高。人口與生產的關係，在工業革命以前，是很密切的，所以古人每以人口的多少來判斷一個國家的富力。但在工業革命以後，情形便大不同了，以前幾百人幾千人所做的工，現在只要一架機器便可做成。所以我們為想加增一國的生產，與其創造肉機器，不如創造鐵機器，因為鐵機器的效率遠非肉機器可比。我們只須舉一個例來說明此點。中國現在的耕地，據各種估計，最多不會超過三萬萬英畝，比美國現在的耕地大約還要少五千萬英畝。美國現在耕這三萬五千萬英畝的地，只用一千萬人。中國的農民到底有多少，現在我們固然回答不出，但是假定農家的人口有三萬萬人，而在這三萬萬人中，除老弱不計外，直接從事於農業生產的，又假定為三分之一，也有一萬萬人。一萬萬人所耕的地，不如一千萬人所耕的地之多，一萬萬人所生產的農作物，不如一千萬人所生產的農作物之多，就是因為這一萬萬人不過是一萬萬個肉機器，而那一千萬人，除本身為一千萬肉機器外，還有許多鐵機器幫忙的緣故。由此可見中國如想加增生產，也不必加增人口。

第三派的人，從土地利用方面著眼，以為中國現在不必節制人口。他們舉出許多荒地統計來，證明中國現在還有許多可耕地沒有變成已耕地。為充分利用這些荒地起見，中國應當加增人口，不應節制人口。關於這一派人的主張，我們願意提出兩點意見來與他們商榷。第一，中國的都市與鄉村中充滿了無業的遊民。中國的荒地應儘先用以安置這些遊民，不應在遊民充滿了中國的今日還提倡人口的膨脹。第二，中國農民的數目已經是很多了，他們所以沒有把荒地充分利用的緣故，一因政治不安定，鄉村生活無保障；二因地權屬於他人，農業經營無利益；三因技術不良，專靠自己的筋肉，耕種不了多大的一塊地。假如社會秩序安定，地權問題解決，同時技術方而又有改良，那麼中國現在的荒地，讓已從事於農業的人來開墾，可以應付裕如。特別是耕種的技術及收穫的技術如真有改良，將來農民只愁無地可以發展，不會讓地荒而不耕的。所以從土地利用方面著眼來反對節制人口，其理由亦不能成立。

第四派的人，從工業化方面著眼，以為中國現在不必節制人口。他們以為中國的人口雖然眾多，但從人口密度一點看去，中國還在英、比、德等國之下。中國現在是一個以農立國的國家，所以感到人口的壓力，但中國現已走上工業化的路，將來工業發展之後，還可以吸收許多人口，還可讓中國的人口密度提高與英、比等工業化的國家一樣。既然有此出路在前，現在大可不必節制人口。關於這一點，我們願意提出一個先決問題來討論，就是我們以後的工業化是預備採取美、俄式呢，還是採取英、日式？美、俄式的工業化，其要點是利用本國的資源來發展本國的工業，用本國的食物來養活在工業中謀生的人，同時工業品的主要市場也在本國。這種工業化的國家，人口密度是不高的。美、俄兩國的人口密度都遠在中國之下。英、日式的工業化便與此大不相同。他們本國的資源不能維持本國的工業，本國的食物也不能養活在工業中謀生的人，所以製出來的工業品一定要在國外找市場。以本國的工業品，去換原料及食物，來維持本國的工業及工人，乃是英日式工業化的國家的特色。他們的人口密度是很高的。這些國家的人口密度所以能維持到那樣高，就是因為在本國的土地以外還有殖民地，還有海外市場，作本國人民生活的基礎。中國以後的工業化，據我們看來，只有採用美、俄式，而不能追隨英、日式。換句話說，我們發展工業的資源只能靠本國供給，談不上獵取殖民地。我們的工人也要靠本國的糧食來維持生命，以免生命線繫到別人的國土上去。工業品的市場也只能以本國為主，談不到在海外傾銷吞併。既然工業化的方式是以美、俄為師，那麼人口密度必然的也要以美、俄為標準。所以從工業化的立場來反對節制人口，其理由也不能成立。

反對節制人口的理論，我們已經一一批評了，現在我們願意簡單的說一下我們為什麼主張中國現在應當採取節制人口的政策。

第一，中國人口的龐大，阻礙了中國的近代化。近代化的主要條件，便是用機械的生產方法，來代替筋肉的生產方法。無論在什麼生產事業中，我們一談機械化，便遇到一個困難的問題，就是採用機械之後，排擠出來的人口如何安排？誰不贊成中國的農業機械化，但是真的機械化了，一萬萬人中只能用一千萬人，其餘的九千萬人將在何處安身立命？許多的好計劃都給這個失業問題嚇住了，而提不出來，行不出去。所以中國人口的大量，束縛了中國的生產力，使其不能自由的發展。我們願意中國近代化，所以我們主張節制人口。

第二，中國人口的龐大，是中國大多數人民貧窮的主要原因。我們的富源有限，而吃飯者源源不竭而來，以致一年所產生的財富，除供給這些人口的日常需要之外，能節省下來變為生產資本的，其數目真是小得可憐。美國人民一年的生產，除供給消費的必需之外，每年可以儲蓄一百五十萬萬元，以投資於生產事業，因之生產事業日漸發達，人民的享受也日漸加增。中國人民每年的儲蓄，因材料不全，無從估計，但大多數的人民，到了年底沒有債主上門的已算萬幸，有儲蓄的真是少見。如何使中國人民的生產每年有重大盈餘以為生產資本，誠為有識者所應日夜操心的問題。達到此點，方法雖多，然減少人口數量，使消費者的數目減少，應為最重要的一途徑。美國的人口如與中國相等，每年決省不下一百五十萬萬元。中國要創造資本，一方面固應努力生產，一方面也應實行節約，而節制人口是節約最有效而無痛苦的最好方法。

第三，為救濟一般產婦、嬰兒，及在經濟壓迫下的家長等起見，我們主張節制人口。中國做母親的是世間最不幸的女子。自從十餘歲出嫁之後，一生連小產、死產在內，可以懷孕十餘次以至二十餘次。第一個小孩尚未脫離哺乳的時期，第二個小孩已在孕中了。這樣的生產不息，是使中國婦女體力減退，未老先衰的最大原因。中國的婦女當然不應迴避做母親的責任，其實出嫁的女子很少不願意做母親的，但在兩次懷孕之間，應當給一般做母親的有一個休息的機會，然後才不致損壞他們的健康。節制生育，使懷孕一事可以人為的控制，是保護中國婦女健康的一個主要方法。中國的嬰兒與他們的親一樣，吃盡了生育不能節制的苦。因為他的弟妹源源不絕而來，所以他應當得到的照料，都給他的弟妹分去了，結果是中國嬰兒的死亡率，在文明的國家中，可以首屈一指。別個國家，每千個出生的嬰兒，死亡率常在五十以下，中國的嬰兒死亡率常在二百五十以上。假如一個嬰兒，在出生以後的三、四年中，沒有弟妹來分他的父母的慈愛，死亡率一定可以降低許多。所以為這些小生命著想，做父母的應當控制生育。即從做父母的本身著想，許多人在經濟的壓迫之下，多一個子女，便多一層擔負，所以在生了三、四個子女之後，再聽到懷孕的消息，真可使許多人坐立不安。北平的婦嬰保健所曾接到無數的呼籲，都是從這類的父母心中發出來的。給他們一點節制生育的知識，勝過金錢的救濟若干倍。此外身體孱弱的女子，以及有遺傳病的人，都需要節育的知識來保障他們及其家庭的幸福。

第四，我們看到現在有兩種新的勢力，使中國的人口膨脹，超過以前的速度，如不立行節制政策，將來一定要產生較現在還要嚴重的局面。這兩種新的勢力就是衛生事業及工業化。工業化已在萌芽，衛生事業的發展，可由衛生署的設立，及各地醫院防疫等事業的推進，窺其大略。工業化的結果，可使人的享受加增，早夭等不幸事件減少。衛生事業的最大目的，就是要減少死亡率，這是大家都明瞭的。歐洲自一七五〇年以後，因為這兩種勢力的影響，使人口從一萬四千萬加至五萬一千萬。不到兩百年，人口幾乎加了四倍。這兩種減少死亡的勢力已經到中國了，我們假如在死亡率減低的現狀之下，不設法使生育率也同樣或更快的下降，那麼不久就可由四萬五千萬的人口到五萬萬或六萬萬以上。如此時不急設法制止，不但我們不能食工業化及衛生事業之惠，恐怕馬爾薩斯所說的積極的節制，如瘟疫，饑饉，戰爭等不幸，都會一一光顧中國了。

由於以上的考慮，我們認為節制生育是解決中國人口問題的最好方法，是中國目前應當採取的人口政策。實踐這種政策的方法，最好是使各地的衛生機關，以供給節育知識，為其主要事業之一。凡身體衰弱的，有遺傳病的，生育太密的，經濟負擔太重的人，向各衛生機關、各醫院、各醫生，請求節育知識時，各衛生機關等應常充分供給。我們把這個責任放在醫生及辦衛生事業的技術人員身上是再好不過的。這是我們建議的第一步。

如輿論已經成熟，我們願意作第二步的建議，就是由政府在各地設立婦嬰保健所，義務的供給上述各種人民以節育的藥品及物件，如現在政府供給義務教育一樣。

這是各種救國事業之中一種最重要的事業，是建造新中國的各種辦法中一個最有效的辦法，希望海內人士同情於這種主張的加以鼓吹及宣傳，使對於中國人口問題的合理輿論早日實現。

二五，十，二二。

（原刊於《獨立評論》第二二五號）

經濟的改造

現在全世界各國，都有改造經濟的呼聲。這種呼聲，不問他來自那一國，他的目標只有一個，就是人民生活程度的提高。生活程度水準，本來是有好幾層的，最低的可以稱為貧窮線，稍高的有生存線，再高的有舒適線，最高的有奢侈線。我們不願意看到人間有奢侈與貧窮的兩種極端的生活，我們都希望世界上各國的人民起碼都能在生存線上過日子，那就是說，都能滿足其衣、食、住、行最低限度的需要，更進一步，達到舒適的生活，那就是說除了衣、食、住、行的需要已經滿足之後，還能享受近代文明賜予人類的幸福。這種幸福要包括教育、衛生、旅行、娛樂、社交等等。

提高人民生活程度，是我們的目的，達到這個目的的手段，各人有各人的主張。現在我們歸納這些主張，覺得有三點最可注意。第一是生產的加增，第二是就業的保障，第三是分配的公平。

先說生產的加增，這是在中國講經濟的改造，最應注意的一點。中國生產的低下，只要把他們每一個人收入，與歐美各國比較一下便可知道。英國的克拉克先生，就曾做過這種比較。他曾研究二十五個國家的國民收入，發現美國居第一位，平均每人可得五百二十五美元。中國居最末一位，平均每人只得美金四十九元。其實這個估計，把中國的每人所得已經列得太高，最近國內有人估計，中國平均每人的所得，只有廿美元。美國人的所得，平均要比中國人大二十六倍，造成這種差異的主要原因，當然由於兩國生產技術的不同。自從工業革命以後，世界上許多國家。已經從人力的生產，進到機械的生產，但在中國，這種機械化的工作，還沒有大規模的進行。我們的農業、工業、運輸業大部分還停留在手工的階段中，這是最不進步的一點，還有一點，我們與歐美各國不同的，就是我們農業的生產力薄弱，每一人能夠養活的人數不多，所以就業的人民，大多數都擠在農業裏，以為糊口之計。假如我們的農業技術可以改良，一個人能夠養活十八個人，像美國一樣，那麼很多的人，便可從農業中解放出來，從事於別種生產的工作，來加增全國的收入。近代各國統計，已經證明兩千多年以前，司馬遷說過的一句話是很對的，就是以貧求富，農不如工，工不如商。我們如想加增個人的收入，或者全國的收入，決不可像過去那樣只知道在農業中想辦法，我們應當發展那些收入比較豐富的職業，把現在農業中的人口，分出一部份到這些職業中去，使農業人口的比重減低，別種職業中人口的比重加高。在美國農業中的人口，不過百分之二十。農業對於國民收入的貢獻，不過百分之十。這個標準，不是在短時期內所可達到的。但這種比較，很可使我們明瞭，中國有百分之七十五的人民在農業中，是一種落伍的現象，而中國的國民收入，有百分之七十，產生於農業中，更可表示別種職業的幼稚與急須發展。中國如能改良生產技術，使農業的人口，減至百分之六十，有人估計中國的國民收入便可加增一倍。如農業人口，能減至百分之五十，以其餘百分之五十，從事於其他職業，則因其他職業中，報酬較農業為高，中國的國民收入，估計可以比現在提高三倍。所加改造中國的經濟，最要緊的工作，莫如改良生產技術，重行安排職業的分派，一方面使較少的人，從事於農業，同時還能加增其生產，另一方面要把從農業中解放出來的人，放到別的職業中去，從事於別種方式的生產。這種改造一定可以加增國民的收入，因而也必能提高人民的生活程度。

中國在以後三十年內，如秩序安定，一定會進入一個經濟建設的時期。在此時期內，各種事業發達，就業的機會增多，我們一定有一個比較長的繁榮時期，大家不會感到失業威脅。可是從農業社會，轉變到各業平衡發展的社會，人類的仇敵也改變了面貌，失業代替了災荒，每隔若干年便光臨一次。在失業的恐慌來襲時，許多的工廠停工，許多的鐵路、輪船停開，結果是成群的工人，找不到工作做，發生飢寒交逼的慘痛。在歐美各國中失業是社會中最大的問題，他最能影響人民的生活程度，凡是失業的人，其生活程度有日漸下降的危險。

經過多年的研究，我們對於失業所以發生的原因，已經有一致的認識了。簡單的說，儲蓄的數量，與投資的數量，不能平衡，是歐美各國中，週期失業所以發生的主要原因。在一個時期內，國民所得的出路，只有三條：一是納稅，一是消費，一是儲蓄。假定納稅與消費的總數不變，而儲蓄的錢，又均用於投資，那麼第二個時期的國民所得，與第一個時期的大小相同，因而也決不會有人失業。假如儲蓄的錢，因各種原因，並沒有用於再生產，譬如在第二時期中，房子少蓋了，新工廠少設立了，結果關於鋼鐵、木材的需要，社會降低。從事於這些事業中的工人，一部份便會被解僱。這是第一步。這些被解僱的工人，因為收入無著落，只好減少消費，結果影響到輕工業的市場，因而輕工業中，也有若干人因而失業，這是第二步。這種影響就像傳染病一樣，從甲業傳到乙業，又從乙業傳到丙業，輾轉影響，互相影響，幾個月之內，便可造成大規模的失業。

失業的原因既已明瞭，那麼對症下藥，解決的方法，也不困難。現在英美等國的輿論，主張政府應負責任，使社會上消費與投資的數量，應當可以維持充分就業的程度。我們上面的分析，說明闖禍的元素是投資，所以政府應當以控制公家投資數量的方法，來維持社會上消費與投資之總量，在失業的象徵出現時，也就是私人的投資，不能與儲蓄維持平衡時，政府即當加增公家的投資，如修路、如開發水力、如設立醫院、如改造住宅，使公家加增的投資，可以抵消儲蓄的影響。

這些辦法我們相信英美的政府要採用的。治本的辦法如付諸實行，再加上治標的社會保險，人民對於失業，可以不必憂懼了。

最後我們要檢討的就是分配公平。英美各國，特別是美國。一般民眾的生活程度，比蘇聯的要高得多，為什麼這些國家裏面，還有一部份的人，在那兒讚揚蘇聯的經濟制度呢？我想蘇聯分配制度的公平，與一般人民的正義感，最能湊合。中國的聖人早就說過一句名言：「不患寡，而患不均」，不均的分配，「朱門酒肉臭，路有凍死骨」，最能引起人民的憤恨，是造成社會不安的一個重要元素。奢侈與貧窮兩種生活程度，同時出現於一個社會，自然會有人起來要求公平的分配。這是正義感的呼聲，沒有力量可以阻擋得住的。

我們如研究英美的經濟史，便可發現這些國家，分配的辦法，已經向公平化的路上走，可惜走的並不快，走的不夠遠。我說他們已向公平的路上走的証據，就是看到歷年國民收入的分配，財產所有者的收入，其百分數已逐漸降低，而工作者收入的薪資，其百分數則逐漸加高。以英國而論，在一九一一年地租利息與利潤的收入，佔國民收入的百分之四十五，一九三五年，降至百分之卅二，在同期內，工作者收入的薪資，由百分之五十五加到百分之六十八。工黨執政之後，這種趨勢，自然會加速的進行。美國在一九三九年，人民的利息與利潤收入，其數量等於人民薪水與工資收入的五分之一。到了一九四四年，前者只等於後者的十分之一。英美等國家，造成這種趨勢的方法，就是推行累進的所得稅，過分利得稅，以及遺產稅。這幾件法寶，如善為利用，可以使任何個人的收入，不能超過某一個限度。在戰時，羅斯福總統，曾提倡任何個人的收入，不得超過二萬五千元。超過這個數目的收入，政府可以利用百分之百的所得稅率，收入國庫，以為作戰之用。這是一種賢明的主張，可惜沒有為國會所採納。政府如利用抽稅的方法，把富人的收入，多抽一部份入國庫，以之辦理各種社會福利事業，馬上可以發生兩種好的影響。一是減少富人的所得，使他們不能維持一種任意揮霍的奢侈生活，一是使一般民眾，除個人所得之外，還可從公家的各種社會事業中，不必自己花錢，便可得到若干享受，如教育、醫藥、娛樂之類。這類提高生活程度的途徑，在最近的將來，一定會為歐美各國民眾所爭取的目標。

（原刊於《獨立時論》第一集）

生產效率與生活程度

生活程度的提高，是人類歷史中最可寶貴的一種收穫。以現代歐美等國家中人民的享受，來與舊石器時代的人類比較，或與初民社會中的人民比較，其差異是很顯然的。我們作這種比較的研究，其實可以不必追溯得太遠。因為生活程度提高的速度，在最近一百年內，尤為顯著。現代的一個技術工人，其享受比中古時代一個貴族還要多些。他現在外出坐汽車，在家中可以聽無線電，這都是以前的貴族所夢想不到的。

提高生活程度的主要因素，是生產效率的加增。在十九世紀的末年，美國有一位經濟學者，曾舉了很多的統計，來說明此點。他認為近人生產效率的加增，完全是由於機器的利用。一個工人，只靠兩隻手，他的生產能力是有限制的，但是在兩隻手之外，還供給他一部機器，或幾部機器，那麼他的生產能力，就要加增無數倍。

舉幾個例來說：在一英畝土地上，生產三十蒲式耳的大麥，如只用人力，需要六十三點零三十五分鐘，如有機器幫忙，只需要兩點零四十二分鐘。在一英畝的土地上，生產二十蒲式耳的小麥，如只用人力，需要六十一點零五分鐘，如有機器協助，只需三點零十九分鐘。在工業方面，以紡紗來說，如用人力紡十二支紗一百磅，需時間約三千一百十七點鐘，如用機器，只需十九點鐘，製造一百雙鞋，如用人力，需時二千二百二十五點鐘；如用機器，只要二百九十六點鐘，這種生產效率的加增，還沒有看到止境。以英國來說，在這數十年內，每人的生產能力，平均每年加增百分之一點五。只拿工業來說，每個工人的生產能力，加增尤為迅速，平均每年要加增百分之三。美國的成績，比英國還要好些。自一八七〇年起，至一九三〇年止，工業中每人的生產能力，平均每年加增百分之四點三。如綜合各業來說，平均每人的生產能力，每年要加增百分之三點七。

機器既然是加增工作效率的重要元素，所以近代化的國家中，生產的工作，大部份要靠機器，機器的力量，已經取人力而代之。這種現象，我們如去參觀歐美等國家中的一個水力發電廠，便可看得很清楚。我記得看過一個水力發電廠，裏面只用二十四個工人，但發電的能力，是十萬基羅瓦特。我們可以想像，每一個工人所控制的力量是多麼大。美國最近有一個研究團體，發表了一個報告。說明人力、獸力、與機器的力量，在美國過去一百年的興替，在一八五〇年，獸力在生產力中，佔最主要的地位，計百分之七十九，人力佔百分之十五，機器力佔百分之六。一九三〇年的情形，完全改觀了。機器力在生產力中佔了第一位，計百分之八十三，獸力只佔百分之十二，人力只佔百分之五。他們預料到一九六〇年的時候，機器力的比重，還要加高，要佔百分之九十六，那時獸力在生產力中的貢獻，只有百分之一，人力只佔百分之三。

現代化的國家，都是以人力控制機器來生產的。這種生產方式，可以把一個人能夠生產的貨品，無限制的加增。他的生產既然加增了，享受自然也隨之而加增。這兩件事情，如影之隨形，不可分離的。有了機器化的生產，自然有舒適的生活程度。生產如不加增，而希望生活程度有所改變，是不可能的。這是近代經濟發展史給我們的一個教訓。

我們如接受這個教訓，就應當進行下列數點工作。

第一、我們應當放棄我們古老的生產方法，採取現代化也就是機械化的生產方法，以提高每一個人的生產能力。

第二、我們要把機械化的生產方法，輸入到每一個人生產部門，不但工業要機械化，就是農業、漁業、礦業、交通業、運輸業，都要機械化。

第三、我們提高生產的最終目的，是要提高人民的生活程度，使近代文明賦與我們的利益，能為大眾所共享。所以生產的結果，應由政府設法，使其能達到大眾的手中，而不是為少數人所獨佔。

（原刊於《獨立時論》第一集）

六十年來的中國經濟

溯今六十年前，便是一八八一年。在這六十年內，中國各方面的變動，如政治、軍事、教育、思想、家庭等等，變動都是很大的，但是經濟變動，尤為劇烈。簡單的說，這六十年來經濟的變動，是使中國由一個中國古時代的經濟，走向近代化的經濟。所謂近代化的經濟，在歐美也不過一二百年的歷史，乃是工業革命以後的產物。在英國，工業革命，在十八世紀的中葉便開始了，但在中國，這種運動，直到十九世紀的末年，才見萌芽，到了現在，還未完畢。我們現在檢討過去六十年的經濟變動，是要溫習我們已經走過的路程，看看我們已經有了什麼成績，因而決定我們在那些部門，還要繼續的努力。

（一）

在第一個十年內，便是從一八八一年到一八九〇年，中國的國際貿易，有一個很大的變動。在進口洋貨一方面，我們自有海關報告以來，總是以鴉片居第一位。但自一八八五年起，鴉片的位置，便讓給棉織品了，此後鴉片的進口，便逐漸衰微，直到一九一七年，鴉片的進口，便完全禁止了，結束了中外貿易的一段醜史。國外棉織品的輸入，起於何時，不能斷言，但是總在英國工業革命之後。據英人的記載，在十八世紀中葉的時候，中國貨物輸往英國的，除了茶絲，就要輪到土布。那時英國棉紡織業，還未發達，英人手織的布疋，不能與中國的土布比美，所以貴族富豪，都願意買中國的布。工業革命的結果，把這項貿易的方向倒過來了，英國人不但不買中國的土布，而且還把大批的棉貨，向中國運來，中國的手工紡織業，受到打擊而逐漸消滅。二十世紀的初葉，舶來的棉織品，達到了最高峰。一九〇五年，棉織品的輸入，佔總輸入的百分之四〇·五。可是凡事有弊亦有利，舶來棉織品，雖然打擊了我國的手紡織業，同時也刺激了機器的紡織業。中國新式的紗廠布廠，一天一天的加增起來了，直到一九三六年，中國輸出的棉貨，已超過輸入的棉貨。這一個例子，是很可玩味的，因為他證明了，只要我們自己努力，與外人作經濟的競爭，並非困難的事。

在出口土貨一方面，一八八七年以前，茶總是居第一位，是年他的位置，給生絲奪去了。絲在出口方面，佔首席近四十年，一九二八年，讓給大豆，大豆於一九三五年，又讓給桐油。在十九世紀初葉，中國的茶，獨霸世界上的市場。一八三九年，印度第一次運了八箱茶葉到倫敦出售，重量一共不過三百五十磅，以後印度錫蘭的茶葉，便取中國原有的光榮地位而代之。據一九三七年的統計，印度輸出茶葉一百五十六萬公擔，錫蘭輸出九十六萬公擔，荷屬印度，輸出四十萬公擔，中國輸出四十萬公擔，只及印度輸出總量的四分之一。中國的絲，在世界市場上的位置，於一九〇五年開始衰退，日本的絲，逐漸奪取中國絲的地位。到了一九三七年，日本絲的輸出，已有二千八百五十三萬公斤，中國的輸出，只有四百一十一萬公斤，只及日本的輸出七分之一而已。茶與絲的沒落，是中國近代商業史中最值得注意的事，他證明了，一種商品，如不力圖改進，只知故步自封，結果是終要失敗的。

六十年來，參加中外貿易的商品，是逐年的多起來了。在一八八一年，茶與絲兩種商品，佔出口總量的百分之八三・六；鴉片與棉織品，佔入品總量的百分之六九・四。可見當時中外的貿易，只限於少數的商品。可是到了一九三二年，出口的貨物，共有三百五十六項，進口的貨物，共有四百八十三項。項目的加增，自然與價值的加增，是成正比例的。在一八八一年，進出品的總價值的加增，是成正比例的。在一八八一年，進出口的總值，不過一萬四千餘萬兩，但是去年進出口的總值，便達二十三萬萬元。以後中國經濟的發展，需要外國合作，所以生產工具，交通器材等等，輸入的數量，一定日有加增，同時我國的富源，為外人所需要的也很多，所以中外貿易的前途，一定是很光明的。

（二）

在第二個十年內，便是從一八九一年到一九〇〇年，影響中國經濟發展的第一件大事，便是《馬關條約》。《馬關條約》是於一八九五年簽訂的，其中有一條，是允許外人在中國的口岸開設工廠。在馬關條約以前，中國不能說是沒有新式的工業。楊杏佛先生，曾把中國近代工業的發展史分為五期，自一八六二年至一八八一年，為軍用工業時期；自一八八二年至一八九四年，歐官督商辦時期；自一八九五年至一九〇二年，為外人興業時期；自一九〇三年一九一一年，為政府獎勵及利權收回時期；自一九一二年至一九二一年，為自動發展時期。楊先生的前兩期，都在《馬關條約》之前。現在我們環顧國內的工廠，就可發現在《馬關條約》以前設立而現在還存在的，真是寥若晨星，軍用工業時期內設立的兵工廠與造船廠，可以說是完全失敗。李鴻章於一八九〇年，在上海設立的機器織布局及紡織新局，以及張之洞於一八九三年在武昌設立的機器織布局，有的已燬於火，有的已經易主數次。上海是中國紡織業的中心，但在《馬關條約》以前設立的紗廠，只有四個，便是華盛，（機器織布局改組）、裕源、裕晉及大純。可是在一八九五年，外商的紗廠，便有五個設立，即日商的東華公司，英商的怡和、老公茂及鴻源，德商的瑞記。自一八九七年以後，棉花的進口大增，便是中國機器紡織業開始發展的預兆。新式的絲廠，也逐漸設立。以前中國出口的絲，都是手工業的產品，一八九四年，廠絲第一次在海關報告中出現，到了十九世紀末年，廠絲居然在出口絲中，佔了百分之四十的數量了。我們還有一種統計，可以表示工業在十九世紀末年，受了外人的刺激，有長足的進展，就是在一八八六年時，進口的機器，只值十八萬兩，一八九四年，加至一百十一萬兩，《馬關條約》簽訂的那年，突增一倍，達到二百三十萬兩。

自從《馬關條約》之後，中國的工業，雖然遇到不少的磨折，但總在那兒進步。我們可惜沒有完備的統計，來表示進步的過程。二十年前，楊杏佛先生寫《中國工業史》的時候，發現註冊的工廠，共有四七五家。根據經濟部二十八年底的工廠登記底冊，登記的工廠，已有四千二百七十七家，資本總數，為三九〇，五四〇，九六五元，職員有四五，五一二人，工人有四六七，八九四人。這種登記，可惜是不完全的，不能代表中國工業的全貌。單就登記的工廠來說，有兩點可以注意的。第一是中國過去發展的工業，多為輕工業，在四千餘工廠中，飲食品工業，有一〇六一家，紡織工業有九一四家，居第一位及第二位。機器工業，不過三六九家，而且都是小規模的，因為這三百多家的工廠，資本合計不過四百餘萬而已。化學工業差強人意，共有五八四家，資本總額為五千一百萬元，廠數與資本數，均列第三位。第二點可注意的，就是這些工廠，多集中於少數都市，上海一地，便有一千二百三十五家。上海除外之江蘇及浙江二省，合有工廠一千二百〇一家。所以登記的工廠，有一半以上是集中在江浙二省的。

《馬關條約》，一方面刺激了中國的新式工業，一方面也替外人在華投資，開了方便之門。據雷瑪教授的估計，外人在華投資，總數約美金三十萬萬至三十五萬萬元。在一九三一年，還是以英國的投資為最多，約美金十一萬八千九百萬元，佔全數百分之三六・七。日本次之，計投資金十一萬三千七百萬元，佔全數百分之三五・一。俄國居第三，投資美金二萬七千三百萬元。美國居第四，只投資美金九千七百萬元。關於外人在中國的投資，有三點可以注意。第一，以時間論，在二十世紀以前，外人投資於中國的數量頗少，自一九〇二年至一九一四年，數量加了一倍，自一九一四年到一九三四年，又加了一倍。第二，以地域言，英國的投資，有四分之三在上海；日本的投資，有三分之二在滿洲。英、日、俄、美四國的投資合算，有百分之四六・四在上海，百分之三六在滿洲，留下來的只有百分之一七・六，分散於中國其他各區域。第三，外人的投資，在工商業中佔百分之八十；政府的借款，只佔百分之十三。

關於工業經營的方式，自從《馬關條約》以來，可以說是大部份都在私人的手裏，一直到了最近數年，國營的工業，有逐漸抬頭之勢。在中央方面，資源委員會所管理的工廠，其間接日漸加多，但直至今日，中央所經營的工業，多為國防所急需的重工業，及為民營工業供給電力的發電廠。以後是否拘於此項範圍，抑將擴充至他項事業，極堪注意與研究。省政府辦理工業的試驗，在北有山西，在南有廣東。山西省政府於一九三二年，曾組織西北實業公司，所辦事業，略具規模的，有鋼鐵、煤氣、製紙、洋灰、紙煙、窯業、火柴、毛織、印刷、皮革、機器、電化、兵工等工廠，資本二千三百萬元。廣東於一九三三年，定有三年施政計劃，擬在此時期內，設水泥廠二處、蔗糖廠四處、繅絲廠一處、絲織廠一處、電力廠二處及呢絨紡織廠、燒鹼廠、磷酸肥料廠、淡氣肥料廠、硫酸廠、造紙廠、鋼鐵廠、酒精廠、啤酒廠、棉紗廠、蔗布廠、炭氣引擎製造廠等共二十二處，其規模較之山西尤為宏大。可惜抗戰發生之後，這兩處的工廠，都沒有籌備內廷，以致現在無法利用。將來抗戰結束之時，民營工業，與國營工業，當如何分工合作，國營工業之中，中央與地方，又當如何配合，始最有利於國防的建設，人民的康樂，乃為尚待解決的問題。

（三）

在第三個十年內，便是自一九〇一年至一九一〇年，中國的交通，有速度的發展。中國最早的一條鐵路，是一八七六年建築的，自上海通至吳淞，但因清廷反對，不久便毀棄了。一八八一年，開平礦務局築了長二十里的唐胥鐵路，以後北甯鐵路，便以此線為始基。一八八九年，這條鐵路線往南通到天津，一八九四年，往北通到長城，其後因中日戰爭，往關外擴展，便暫告停止。一八九八年，上海吳淞線，又重築完成。所以在二十世紀以前，中國的鐵路，在南只有滬淞線，在北只有唐胥線及其邀展之部，里數是有限的。

可是一到二十世紀的第一個十年，中國鐵路的黃金時代便出現了。這個十年中建築的鐵路，列表如下：

一九〇二年	中東鐵路
一九〇四年	膠濟鐵路
一九〇五年	平漢鐵路
一九〇七年	北甯鐵路
一九〇八年	京滬鐵路
一九〇九年	平綏鐵路
一九〇九年	滬杭鐵路
一九一〇年	滇越鐵路
一九一〇年	隴海鐵路（一部份）

接著於一九一一年，廣九鐵路完成，一九一二年，津浦鐵路完成。在短短的十年之內，中國完成的鐵路，約有六千英里，對於中國經濟各部門的發展，都有很大的助力。可惜民國成立之後，連年內亂，鐵路的建築，一擱便是十餘年。在這十餘年內，鐵路不但鮮有進展，而且原來的

路產以及車輛，因為內亂之故，也損毀了不少。直至國民政府成立之後，鐵路建築的工作，又重行開始。一九二九至一九三二年，修竣的鐵路，共達三四六公里，其中有隴海路數段，杭江鐵路一段，粵漢鐵路一段。一九三三年，杭江鐵路竣工，首都輪渡正式通車，隴海路已展至渭南，粵漢路亦有進展。一九三六年，是中國鐵路史上最可紀念的一年，是年九月一日，粵漢路全線，首次通車。汕贛鐵路南玉段，於一月間落成，淮南鐵路長二一五公里，亦於一月二十日正式通車。隴海路展至寶雞。同浦鐵路除太原至原平一段外，已告完成。江南鐵路由南京至蕪湖，於四月間直達通車。蘇嘉鐵路，於七月十六完成。

公路的建築，比較在後。一九二一年，全國公路，不過一千多公里，但到一九三六年，全國各省所建公路，共十六萬三千餘公里。民用航空，起於一九二九年，到了一九三六年，經營這種事業的，共有三個公司，即中國、歐亞及西南，航線北至蘭州，東至上海，西至成都，南至廣東。

新式交通事業中，發達最早，但最無成績的，要算航業，招商局是於一八七二年設立的，比起外國許多有名的航業公司，還要早許多年，但這個機關，數十年來，都在腐敗的管理之下，直至抗戰發生的時候，這個有將近七十年歷史的公司，留下來的，不過幾條舊船而已。但他的同業，在外人經理下的怡和、太古及日清，卻是日有進展的。

（四）

在第四個十年內，便是從一九一一年到一九二〇年，我們看到中國的煤產量，突破了一千萬噸的大關。在一九一二年的時候，中國本部及東北的煤產量，合起來不過八百餘萬噸，兩年之後，就在一九一四年，中國本部的煤產量，便有一千一百萬噸了。這種發展，與前十年鐵路的建築，是有密切關係的。本來煤是一種笨重的貨物，如果運輸問題不能解決，大量的開發，是沒有希望的。華北的第一條鐵路，我們在上面已經說過，便是因為運煤而建築的。在鐵路沒有分佈於各地以前，中國並非沒有採煤的事業，只是多用土法，出產不多，等到鐵路造到煤礦的門前之後，運輸不成問題了，大量的生產，不愁沒有銷路了，於是以前用土法的，現在多用新式機器開採，以前日出數噸的，現在可出數百噸以至數千噸。我們的煤產量，超過一千萬噸，要在一九一四年，便是因此。

現在國內的大礦，大多數都在鐵路的附近，中國本部的第一個大礦，在抗戰以前，年產煤四百萬噸以上的，是開灤礦務局，位於北寧沿線。年產一百萬噸以上的兩家，中興在津浦與瀧海的附近，中福在道清的附近。年產五十萬噸以上，不到一百萬噸的有四家，井陘與保晉沿正太，六河溝沿平漢，淄川魯大尚膠濟。年產十萬噸以上，不到五十萬噸的十七家，門頭溝、怡立、臨城、興寶，均沿平漢，晉北礦務局沿平綏，柳江沿北甯，正豐沿正太，濰縣魯大、悅昇、博東沿膠濟、華東賈汪沿津浦，大通、淮南沿淮南，萍鄉沿株萍。餘下來的三個礦沒有鐵路運輸，但長興沿湖，由礦到水路，也有二十六公里的輕便鐵路；富華與富源沿長江，由礦區至江邊碼頭，也築有很短的輕便鐵路。中國煤礦的分佈，有兩點是可以注意的，第一，上面所說的大煤礦，除了萍鄉、長興、富華、富源四礦外，其餘在長江以北。第二，大礦均集中於鐵路附近，山西產煤區，分佈於五十七縣，但已開採的大礦，均在正太與平綏沿線。陝西的儲煤量，僅亞於山西，但因交通不便，隴海路最近才由西安通至寶雞，所以陝西境內，並無一個大礦。

中國的鐵礦，抗戰前已經開採的。均在長江沿岸。在湖北有大冶鐵礦及象鼻山鐵礦，在安徽的繁昌與當塗，有裕繁、福利民、寶興、益華等公司，開採當地的鐵礦。這些地方所開採出來的鐵砂，可惜國人不能利用，差不多完全都運到日本去了。大冶鐵礦，自一八九三年至一九三四年，共產鐵砂一千一百萬噸，其中運往日本的，為七百五十萬噸。象鼻山鐵礦，自一九二〇年至一九三四年，共產鐵砂一百八十五萬噸，運銷日本的，計一百四十一萬噸。安徽的產砂公司，其出品悉數運銷日本，每年自十餘萬噸至四十餘萬噸不等。此外在華北的宣化，還有龍煙鐵礦，一九一八年，曾成立公司開採，但不久即因經費困難而停頓。安徽的銅官山鐵礦，以及江蘇的利國驛鐵礦，均曾有過開發的計劃，可是均無結果。

中國的煤儲藏量、雖然集中於華北，可是特種礦產，卻集中於華南。江西的鎢，湖南的銻，其產量在世界上均佔第一位，他們的積極開發，乃是受了第一次歐戰的刺激所致。此外如貴州的汞，廣西、雲南的錫，其產量除自給外，尚可運銷海外。這些礦產品，在近年的國際貿易上，已曾佔據很重要的地位了。

（五）

在第五個十年內，便是從一九二一年到一九三〇年，農業改良的工作，才積極發展。農業是中國最老的經濟生產方式，可是中國的知識階級，一向很少有人去理他，所以農業的生產，直至最近，還是停留在陳舊的方式裏。可是一九二一年以後，政府與社會，舉辦了好幾種工作，對於農民的生產，頗有幫助。第一是合作事業的發展。合作社的組織，乃是華洋賑會於一九二三年在河北開始的，第二年只成立了八社，但是到了一九三〇年，便有九百四十六社。其後南昌行營，也利用合作社的組織，來做復興劫後農村的工具，實業部又於一九三五年，成立合作司，於是合作事業的進步，一日千里，最近合作社的登記，已超過七萬八千個單位，在十餘年內有此成績，確為難能可貴。在各種合作社中，以信用合作社為最普遍，這種組織，對於農民的資金問題，給以相當的解決。農民如欲增加生產而缺乏資金的，可利用合作社向合作金庫或辦理農貸的銀行去借貸，不像以前那樣呻吟於高利貸者的壓迫之下了。其次是農田水利的興辦。中國古代，對於農田水利，本極注意，譬如戰國的時候，秦用水工鄭國，引涇灌田，史稱溉田四萬五千頃。李冰為蜀守，穿郫、檢二江，引溉成都，灌縣一帶田疇以萬億計，都是很著名的水利工作。民國成立以後，水利失修。一九二八年，華北大旱，大家的注意力，才又引到灌溉事業上去，於是綏遠開民生渠，陝西開涇惠渠，為近年灌溉事業之起始。其後甘肅有洮惠渠，甯夏有雲亭渠，陝西除涇惠渠外，有洛惠渠、渭惠渠、梅惠渠，河北有仁壽渠，其他小規模的新式灌溉工程，不可勝計，對於旱災的預防，是有很大功用的。農民有了這種新式工程的幫助，每年收穫的多少，便不是完全靠天了。再其次便是良種推廣，與病害防除等工作，以加增米、麥、棉花等作物的生產，使中國的衣食自給政策，可以早日達到。這種工作，起初是私人機關，如金陵大學的農學院，加以注意，及至一九三〇年，實業部與全國經濟委員成立之後，政府對於這種工作，繼續努力。實業部的中央農業實驗所，對於米、麥、稻子的改良，全國經濟委員會的棉業統制委員會，對於棉花良種的推廣，貢獻尤多。經過相當的努力，自然表現成績。如洋米進口，在一個時期，曾達一千萬公擔，但在一九三六年，進口的數量，只有一百八十餘萬公擔。棉花的產額，由一九三二年的四百九十萬分擔，增至一九三六年的八百四十萬公擔，因而進口的棉花，也由一九三二年的二百二十萬公擔，降至一九三六年的四十萬公擔，可見那年我們的棉花，已能自給。

中國大多數的人民，還是以農為業，農業的生產總值至今還居各業之首，所以農業改良的重要性，是不可忽視的。以後農業對於建設新中國的貢獻，即在生產大量的剩餘，運銷國外，以換取我們工礦業所必需的生產工具，及運輸業必需的交通器材。假如中國的農民能夠實現此點，不但近代化的經濟，可以早日在中國實現，就是農民本身的生活，也可日漸上進了。

（六）

以上我們已經把經濟的各部門：商業、工業、交通、礦業、農業，在過去幾十年內的發展，大略的劃了一個輪廓。現在讓我們把第六個十年，就是最近的十年內，經濟方面的大事，略書數語，以結此文。

最近的十年，自然的分為兩個段落，抗戰前為第一段落，抗戰後為第二段落。抗戰前的數年，是中國最進步的幾年，經濟各部門的發展，無一不可使人樂觀。一九三六年的海關報告，對於當年的經濟，有下面一段很扼要的描寫：

> 言乎經濟，則匯市穩定，物價上騰，正月幣制改革政策，經此一年之試驗，進行順利，已奏膚功。至於農工各業，亦係齊趨發展。關於農業，舉凡農村信用貸款之興辦，棉稻及小麥種子之改良，以及種茶製絲新法之提倡，均足以促進農業技術，而使之日見增進。關於工業建設，則機器製造廠、化學產品煉製廠，以及製糖廠、煉油廠等，紛紛興辦，幾如雨

後春筍，是則工業發皇之象徵也。至言交通建設，則鐵路、公路、航空，莫不突飛猛進，一日千里。再就對外貿易言之，據統計數字推測，中國對於舶來物品，需要漸少，尤以食料及消耗物品為最，其將來所需洋貨，殆僅以生產物品如機器金礦砂、車輛及油類等為限。良以此項物品。或為本國所不產，或因現今所產者，尚不甚精也。至主要出口土貨，一俟世界經濟狀況，逐漸恢復，則其海外銷路，亦必漸形暢旺。

可惜好景不常，第二年蘆溝橋的砲聲，把中國經濟的正常發展路線，完全毀壞了。抗戰對於中國經濟的發展，一定有深刻而鉅大的影響，也許後人來寫中國的經濟發達史，要把抗戰這一件事來劃分時期。我們現在還在抗戰的時期中，對於這個鉅大的變動，也許還不能看得十分清楚，但是有重要的幾點，也無妨在此提出。第一是沿江沿海各大都市中工商業的破壞。我國舊有的新式工商業，大部份都集中於大都市，自從這些大都市受了敵人的砲火摧殘之後，中國人費了幾十年心血才創造起來的事業，便大部份被毀壞了。我們只拿上海來說：戰前全市有華商紗廠三十一家，紗錠超過一百十萬枚，戰後只剩了八廠，殘留在租界內，可以自由開工，紗錠總數，不過三十四萬枚，等於戰前的百分之三十。又如麵粉工業，戰前有十五廠，戰後只殘留了八廠。其次如捲煙業，總共三十一家，全在軍事區域之內，因而都受了損失。再其次，繅絲業戰前有四十四家，倒有四十二家設在閘北戰區而受了摧殘。我們因為這次戰事而受到的經濟損失，大約要到戰後才可寫出一篇清賬，等到寫出來時，其數目之大，一定是可驚的。第二，抗戰促成了內地的建設。中國的內地，雖然地大物博，但在抗戰以前，新式的事業，很少在內地立足，因之口岸雖然開發，而內地的閉塞與守舊如故。抗戰以後，遷入內地廠礦，不下四四八家，其中分佈川境的二五四家，湘境的一二一家，桂境的二三家，陝境的二七家，其他各地尚有二三家。由政府資助技術工人遷入內地，凡一萬二千餘人，運入機械最低重量為十二萬噸。交通方面，西南各省，在戰前除滇越路外，沒有一條鐵路。抗戰之後，建設的鐵路或在計劃中的鐵路，有成渝、湘黔、川黔、滇黔、川滇、湘桂、滇緬等路線。貴陽、昆明等都市，與東南各省連絡的公路，在抗戰前幾個月才通車，現在貴陽已成為西南公路的中心了。在抗戰以前，雲南省內，沒有一個中央的金融機關，現在雲南以及其他西南、西北各省，已經在中央的金融網之內了。此外如農產品的改良，合作金庫的創設，農田水利事業的推進，工業合作的提倡，在內地各省，都有人在那兒工作，遠非戰前歧視內地的情形所可比，所以抗戰雖然造成了沿海江大都市的破壞，但同時也促成了廣大內地的開發，使中國的現代化，更為深入。第三，抗戰統一了從事經濟事業的人的信仰與意志。這種信仰，就是抗戰建國綱領中所謂經濟建設，以軍事為中心，同時注意改善人民生活。所謂統一的意志，便是百折不回，要建設一個富強的新中國。由於統一的信仰與意志所產生的力量，是很偉大的。他的成就，我們願俟諸異日的史學家。

二十九，十二，二十四。

（原刊於《新經濟半月刊》五卷第三期）

書評：婚姻向何處去？

《生育制度》　費孝通著　上海商務印書館發行　民國三十六年九月初版　二百頁

「生育制度」，是費孝通先生於抗戰期內在西南聯合大學及雲南大學開授的一個學程。他在這個學程中的講稿，在六、七年中，不斷的補充修正，於抗戰勝利後才行付印。費先生的書，我讀了已經不少，但這一本書，無疑的是後來居上，在他所有的社會學著作中，要算最有貢獻執一本。就在中國的社會學界中，過去二十年內，雖然不斷的有新書問世，費先生這一本書，內容的豐富，見解的深刻，很少有幾本書可以與他站在同一水準之上的。潘光旦先生在本書的長序中曾說：「本書的條理的暢達軒豁，剖析的鞭辟入裏，萬變而不離功能論的立場，章法井然，一氣貫串，未始不是一家言的精神的充分表示」，我對於這種欣賞的話，完全同意。現在願借這個介紹本書的機會，提出書中幾個重要問題來，與費先生及讀者商榷。

（一）婚姻的基礎及功能

一談到婚姻制度，一般人的心目中，總以為婚姻是為滿足性生活而設立的，他的基礎，是建築在古人所謂「食色性也」的色字上面。但是作者的看法與此不同。他說：「人類性慾的滿足，即使沒有求偶、婚姻，和家庭，同樣是可以得到的。」（頁三）「在很多人民中，兩性關係，並不以婚姻始，也並不限於夫婦之間，而同時值得我們注意的，是夫婦之外的性生活，無論如何自由，並不會引起婚姻關係的混亂。這使我們覺得婚關係和兩性關係並沒有絕對的聯繫，因之，我們似乎不應把限制兩性關係，視作婚姻的基本意義。」（頁三十）「單靠性的衝動，和男女的私情，並不足以建立起長久合作撫育子女的關係來的。若婚姻的意義不過是男女的結合，或是兩性關係的確立，則婚姻不但是一件人間的私事，而且不必有很多人為這事加以籌備了。可是在任何地方一個男子或女子要得到一個配偶，沒有不經過一番社會規定的手續。」（頁三五）這幾段話，說明婚姻制度的產生與維持，並非專為滿足人類性生活的要求。兩性間如只為著要得到性生活的滿足，可以不必有婚姻制度。

許多社會學者，都是這樣看法的。像孫末楠與凱勒（Sumner and Keller）的說法一樣，作者頗看重婚姻的經濟基礎。婚姻是人類分工合作的最基本的單位。「人們好像是任何差別都能利用來作分工基礎的，年齡、性別、皮膚的顏色、鼻子的高度，甚至各種病態，都可利用。性別可說是用得最普遍的差別了。以現為止，人類還沒有造出過一個社會結構，不是把男女的性別，作為社會分工的基礎的。」（頁二五—二六）

作者雖然看重婚姻的經濟基礎，但他並不像若干社會學者一樣，把婚姻看作一個經濟的組織。分工合作，是婚姻的一種功能，但並非主要的功能。婚姻的主要功能，是在以永久共處的方式，來共同擔負撫育子女的責任。作者對於這一點，在本書中曾三番五次的說明。他以為：「我們與其說：因為兩性的愛好，所以願意共同撫育兒女，倒不如說，因為要共同撫育兒女，兩性間需要有能持久的感情關聯。」（頁二五）「每一個社會所容許出生的孩子，必須能得到有人撫育他的保證。所以在孩子出生之前，撫育團體必須先已組成。男女相約共同擔負他們所生孩子的撫育，就是婚姻。」（頁三〇）「人間所以有夫婦的結合，無非是為了要孩子們能得到適當的撫育。」（頁四十）「婚姻是人為的確立雙系撫育的手段。撫育既是不可避免，所以人類的問題，是怎樣可以最有效的撫育。婚姻的方式，就依這標準來決定的。」（頁七五）

這種說法，特別注重婚姻的家庭基礎。人類婚姻史的作者衛司脫麥克（E. Westermarck）早就提供這個意見，可是因為這種看法，與常識的看法不大相同，所以不能為一般人民所採納。但是從學理方面看去，這種主張，實在是顛撲不破的。中國過去的婚姻，是由父母之命與媒妁之言而成立的，從受過新式教育的人看來，不大合乎理性，但如把婚姻看作滿足性生活、經濟，及撫育子女三種功能的混合制度，那麼中國過去的婚姻是極其合理的。只有把一種新的功能，即感情生活的滿足，也放進婚姻制度中去，然後中國過去的辦法，才似乎是不合理。但是滿足感情生活的功能，很少有幾個社會，認為應由婚姻制度來擔負。現在的人，把他看作婚姻制度的中心功能，是使婚姻不能穩定的主要原因。關於這一點，我們留到下面再談。

(二) 生育制度的功能及性質

我對於作者講婚姻的部份，大體上是同意的。對於講家庭的部份，有好些地方，我們的觀點，就有點出入了。作者對於生育制度的功能，據我的了解，是偏重於經濟的解釋，而且是站在社會的觀點去分析。他說：「社會分工結構，靠著人發生作用，可是人不能永遠生存的。他不久就要死去。當然，從個人的立場看，他一死之後，正可以不必管天下興亡了，正是吹皺一池春水，干卿底事。他死後社會結構發生什麼困難，他大可不必過問。可是在他未死之前，若是別人一批一批的死去，社會分工合作的完整性，不能維持時，他的生活社會發生困難。這些活著的人，卻不能不關心別人的死亡。他們要維持自己的生活，必須保持社會的完整性。他們既不能強人不死，或是約定在同一社區裡生活的人一齊死，就不能不把死亡給予社會完整的威脅加以免除。這裡才發生了生育制度。」（頁十八）

在二十世紀分工已極細密的社會裡，這種說法是很有道理的，任何一個公民，如要維持自己的生活，必須保持社會的完整性。但在初民社會之中，在歷史上很多國家的社會裡，很多人所關心的，不是社會的完整性，而是個別家庭的連續性。家庭是分工合作的單位。在一個家庭之中，不但有兩性的分工合作，而且有世代的分工合作。這種經濟單位的自給自足性，是很高的。在這個家庭裡，每一個人所最關心的，不是社會上任何個人的死亡，而是家庭份子的死亡，中國社會中流行著一句俗語，就是「養子防老」。養兒子的作用，等於近代工業社會中的老年保險。「老年喪子」對於老年人的威脅，等於工業社會中保險公司的破產。從個人的觀點去看，不從社會的觀點去看，撫育子女，實可收維持老年生活的功效。個人所以需要生育制度，就是因為「老」與「死」不是同時在人類的經驗中出現的。老的經濟意義，就是喪失了工作的能力，而死的意義，則是喪失了生命。在已老未死的一階段中，老年人需要侍養，家庭是老年人得到侍養的一個最可靠的保障。在工業革命以前，還沒有一個機構，可以代替這個功能的。所以從個人的立場去看，從免除老年生活上的威脅去看，也會發生生育制度。我所以要如此說，是要強調生育制度的產生，乃是合乎個人的私願的，而不是全由社會安排出來的。

因為有這點看法的不同，所以我就不能同意於作者的損己利人的生育論。（頁十二—十五）作者說：「生育既是一件損己利人的事，若是社會不把這件事作為通盤性的責任，社會完整也就缺乏了保障。誰不願把這責任讓別人去擔負，自己優哉遊哉的逍遙於為子女做犬馬的劬勞之外？」（頁一七二）作者又舉了一個極為有趣的例，說明社會督促這班優哉遊哉的聰明人生子女。「在雲南呈貢的一個村子裡，每年有一個聚會，凡是結了婚不生孩子的要罰酒敬神，若是罰了還不生效力，就得把不盡責的男子，按在地下打屁股。結婚不是私事，生孩子也是一項社會分子的天職。」（頁一七三）假如生育真是一件損己利人的事，恐怕不但呈貢的人，得按在地下打屁股，大約全國任何縣份的人民，都有挨打的可能。但是在別的地方，很少聽到有採用這種辦法的必要。反是，送子觀音寶座前的香火，倒是在很多鄉下都可以看到的。假如人們必須經社會的督促，才肯負起生育子女的責任，為什麼有這樣多的善男信女，乞靈於觀音大士之前？

假如照我上面所說，生育子女的人，有他那種自私的，經濟的打算，那麼生育制度的存在，豈非得到一個更為合理的解釋？除了經濟的元素以外，我們也不可忽略宗教元素，在生育制度中，過去也曾發生過很大的影響，而使種族的綿續，得到更穩固的保障。現在還有許多許多的人，相信死後的靈魂，需要子孫的祭祀，然後才可保證在另外一個世界，不過凍餒的生活。假如一個人在死去時沒有生育子孫，他就變成一個「若敖氏之鬼」，也就是一個餓鬼。不但他自己挨餓，連累了他的祖宗，也會挨餓，所以「不孝有三，無後為大」。經濟的動機與宗教的動機，都可以使大多數的人，把生育子女，看作一種利己而非損己的工作。人種所以能夠蕃衍到今日，這是重要的原因。

（三）婚姻與家庭向何處去？

二十世紀是一個變動的大時代，一切都在變動，婚姻與家庭自非例外。

我們在上面已經說過，婚姻的基礎在家庭，所以我們先從家庭說起。作者在本書結尾時曾說：「家庭雖則也是曾吸收了很多政治、經濟、宗教等功能，但是他有一個基本的撫育作用守得住，雖則其他功能已經逐步移了出去，他還是能存在」。（頁一九九）可是我們看到生產發達的國家中，這個撫育的功能，已有為政府逐漸取而代之之勢。以生育子女的責任而言，過去可以說是完全放在父母的身上，現在則政府也插足來分擔這種責任了。法國政府，在一八六〇年，就開始對於國內的某些階級，發給子女津貼。英國新的社會保險制度，對於做母親的，在生育的時候，給以四磅的津貼。從生第二個子女起，每個子女，每星期可得津貼五先令，蘇聯對於做母親的，從生第四個子女起，便給獎金。那些沒有結婚便生子女的，從生第一個子女起，便由國家發給津貼，而且可以領到子女已經長大到十二歲的時候為止。這是講撫育這一段，政府分擔家庭責任的情形。至於老年那一段，政府也同樣的挺身負責。在英國，男子過了六十五，女子過了六十，便可領到養老金，如單身的可以得二十先令一星期，偕老的可以得到三十五先令一星期。別的工業國家，也有類似的辦法。關於社會的撫養，即關於子女行為習慣上的教導，在許多國家中，教育制度的重要性，已經超過了家庭，老師已取父母的地位而代之。這種趨勢，如繼續發展下去，是否可以發生一種局面，就是那些生了子女的母親（特別是那些在社會上有職業的母親），當他離開醫院產科的時候，便把孩子留給國家的撫養機關教養，而自己則單獨的回到寓所？撫育制度，發展達這一個地步，家庭是否還有存在的必要？

作者似乎不相信有這一個可能。他說：「社會共同來經營集體撫育的方式，為了些我們還不太明白的理由，好像還不太成功。在撫育作用採取集體負責的原則，在現代社會裡，祇有部份的實行，好像現有的學校，但也祇限於撫育作用的極小及後來的部份。」（頁二八－二九）可是我們如放眼看一下某些社會裡，一個生下來的小孩，在幾個月的時候，白天總是住在托兒所裡，稍長則入幼稚園，入小學、中學，青年時期，可能完全離開他的父母，在大學中過上四年至六七年的生活。在他加入社會之前，這樣的一個人，是花在家庭中的時間多呢，是花在別的社會機構中的時間多？他所得的撫養，是來自家庭中的佔大部份呢，還是來自別的機構中的佔大部份？仔細的計算一下，我們不得不承認，家庭已逐漸的把他的撫育功能，移給別的社會機構了。

婚姻的一個重要基礎，既然是家庭，則家庭變動，必能的影響到婚姻。這種影響，已在許多地方表示出來。在初民社會中，不結婚的男女是例外，而這一類的人，在近代社會中常見，此其一。結婚之後，不生子女的，逐漸加多，此其二。婚姻以外的生育，所謂私生子，在許多國家中，已成為一種很普遍的現象，此其三。由於禁止幼工律，及老年保險律，子女已失其經濟的價值，因而生育子女的願望，逐漸降低，此種願望的降低，輔以節育方法的普及，使許多國家的生育率，在過去一百年內，有每況愈下之勢，此其四。也許由於節育方法的利用，還沒有吞一粒丸藥那樣方便，也許真如衛司脫麥克或麥克獨（W. McDougall）輩所說，人類有愛好子女的天性，所以生育就是在經濟發達的國家中，也還未斷絕。但是婚姻與生育，在若干的心目中，是可以分開的，則是事實。假如像作者在書中所說：「婚姻是社會為孩子們確定父母的手段，從婚姻裡結成的夫婦關係，是從親子關係上發生的」，（頁三十）那麼不預備生育子女的婚姻，其穩定性是大可懷疑了。事實已經證明，沒有子女的婚姻，其分離的可能性，三、四倍於有子女的婚姻。

婚姻的經濟基礎，也在風雨飄搖之中。在初民社會以及農業社會中，不管是男獵女耕，或男耕女織，夫妻分工合作的關係，是很密切的。在這種合作的情形之下，雙方如有一方離開這個經濟單位，生活就受威脅。這種休戚相共的經濟關係，把婚姻結固得如膠似漆。但在近代的社會中，家庭已經不是一個生產單位。男女合作的對象，已經不是夫或妻，而是整個的社會。起初是男的漸漸脫離了家庭，加入社會的生產，其後，女的也步男子的後塵，參加社會中的生產。起初是生產功能脫離了家庭，逐漸的消費功能也脫離了家庭了。起初是家庭只有一本賬簿，逐漸的夫或妻在銀行中各人有各人的戶頭。這種經濟生活上已經脫離關係的夫妻，想維持長久的關係，是困難的。事實已經證明，在都市中的婚姻，其分離的可能性，大於鄉村，就是因為在都市中的婚姻首先擺脫了經濟的意義。

婚姻如失去家庭及經濟的基礎，專靠性的關係來維持，是極其困難的。人類的性關係，最近才有人開始作科學的研究，但在這個園地之中，我們的知識是有限的。漢米頓（G. V. Hamilton），台維斯（K. B. Davis），迪克孫與畢姆（R. L. Dickinson and L. Beam）其所研究的對象，少的只有幾百人，多的也不過二千餘人。最近印第安那大學的金瑟教授（A. C. Kinsey）及其同事，在國家研究委員會的鼓勵及羅氏基金的協助之下，才發願於二十年之內，調查十萬個男女及青年的性生活。現在為止，他已調查過一萬二千人的性生活。根據初步的報告，美國十二歲的男孩，已有百分之五，有過性的經驗。十三歲的男孩，七人中有一個人，已有此種經驗。二十歲以下的男子，有百分之七十三，在結婚以前，即有性的經驗。此種習慣，與教育程度似有關係。小學未畢業的男子，有百分之九十八，在結婚以前，即有性的經驗。受過中學教育的，婚前有性經驗者，即降至百分之八十四；受過大學教育的，婚前有性經驗者，更降至百分之六十七。結婚之後，在婚姻關係以外滿足性生活的男子，在百分之三十至百分之四十五之間。這些統計，似乎證實了作者的理論，即「在很多人民中，兩性關係，並不以婚姻始，也不限於夫婦之間。」（頁三十）

在婚姻的三個基礎，都開始呈現動搖的時候，近代的男女，於是想把婚姻關係，建築於一個新的基礎之上，此新的基礎，即俗所謂戀愛，其功能即存滿足感情生活。何謂戀愛？作者曾請教過一位美國的太太，怎樣去形容戀愛的境界，她說：「世界上的一切都好像不在念，連自己也在內，祇有他。」（頁六四）作者根據這個定義下一推論說；「這個形容若是正確的，則可以說戀愛和考慮正是相反的。因之，我們若讓青年人自主擇偶，以戀愛來代替考慮，婚姻能否美滿，似乎很成問題了。」（頁六四）其實，事實已經證明，如把婚姻建築在戀愛的基礎之上，這種婚姻是極不穩定的。好萊塢的婚姻，都是建築在戀愛的沙灘上的，他們最後的歸宿，好像都在銳浪（Reno）離婚市。

家庭在變，婚姻也在變，將來會變成什麼樣子，誰都不能預言。但作為一種制度看，他正如私有財產制度一樣，好些人以為他是永存的，那知在轉眼之間，他已變了花樣了。

（原刊《新路》第一卷第一期）

論耕者有其田及有田之後

（甲）本文

一、耕者如何能夠有其田

在十幾年以前，我曾在《清華學報》裡，發表過一篇論文，題為〈從佃戶到自耕農〉。在那篇文章中，我曾作下列的結論：

（一）佃戶是鄉村中一個被壓迫的階級，我們如要為他們謀福利，當設法使他們成為自耕農。

（二）美國的佃戶，有許多靠自己的力量，便升為自耕農的，但中美的情形，相差太遠，中國的佃戶，如無外力的幫助，很難改變他們的身份。

（三）丹麥以政府的力量，幫助農民購地，結果使國內佃戶的百分數，從百分之四十二，降低到百分之十，此舉中國頗可效法。

（四）中國如實行丹麥的政策，有三點仍須注意。第一、政府應效法愛新爾蘭減租的辦法，使地主肯將土地出售。第二、應以東歐各國的成例為鑒，由政府以公平的方法，規定土地的價格，俾地主不致居奇。第三、購買土地所需之款，應由政府全部借給農民。至於此種款項之來源，或由政府舉債，或發給地主以土地債券均可。政府借給佃戶購地之款，利息應低，可由佃戶將本息於若干年內攤還，其數目之多少，以不加重佃戶負擔為原則。

十餘年的光陰，忽忽的過去了。佃戶的地位，似乎沒有什麼改良。抗戰勝利以後，國內各方面的人士，對於這個問題發生興趣的人，逐漸的多起來，土地改革的方案，我們也看到不少。根據各方面的意見，我願意對我上面所述的第四點，便是如何使耕者有其田的步驟，作以下的修正。

（一）佃戶的租額，應照土地法上的規定，以千分之三百七十五計算。

（二）地價應規定為現租額的七倍，由佃戶分七年交納，取得土地所有權。

（三）在佃戶尚在清償地價的時期內，田賦仍由原土地所有人交納，佃戶同時不向地主另交地租。

這個辦法的好處，就是在清償地價的時期內，佃戶與地主之間，地主與政府之間，所有的支出與收入，都沒有變更，所以社會上一點騷擾也不會引起。可是地主與佃戶心裡都很明白，七年之後，土地的所有權，便要轉移了，地主可以從容的另謀生路，不致張皇失措，佃戶想到不久擔負便要減輕，心中必定感到很大的安慰。

此種改革，一方面可以提高佃戶的生活程度，另一方面，可以消滅一個在生產過程中已無功能的地主階級，使他們另謀生計，由不生產者變為生產者，所以對於整個的社會，是有利的。

二、只變動生產關係而不變動生產力不能算是根本的改革

中國佃戶的百分數，根據南京金陵大學卜凱等的調查，張心一先生的估計，以及中央農業實驗所的調查，都不算是很高。概括的說，中國的佃戶，在農民中，只佔百分之三十左右。假如上面所提的辦法實現，那麼七年之後，這些佃戶，便都變為自耕農了。

自耕農的生活程度，是否比佃戶高得很多？中國全國的農民，假如都是自耕農，農村中是否便會繁榮？凡是在鄉村中住過的人，或者在鄉村中做過調查的人，或者有親戚朋友在鄉村中當自耕農的人，對於上列的問題，恐怕不會給一個肯定的答覆。中國的自耕農，現在的生活是苦的，以前也是苦的。假如農村中的生產力沒有重大的變更，他很難希望脫離貧苦的日子。在二千多年以前，就有人描寫過中國自耕農的生活。漢書食貨志記載李悝治魏時的自耕農生活如下：

今一夫挾五口，治田百晦，歲收晦一石半，為粟百五十石。除十一之稅十五石，餘百三十五石。食，人月一石半，五人終歲為粟九十石，餘有四十五石。石三十（錢），為錢千三

百五十。除社閭嘗新春秋之祠，用錢三百，餘千五十。衣，人率用錢三百，五人終歲用千五百，不足四百五十。不幸疾病死喪之費，及上賦斂，又未與此，此農夫所以常困。

現在的自耕農，與李悝時代的自耕農，其生活程度有何差異？他一年收穫所得，除了交稅、祭祀、衣食等的花費之外，是否還有很多的剩餘？我們只要放眼觀察一下，就知道二千餘年以來，自耕農的生活，實在是沒有進步，沒有可以值得羨慕的。

這種生活，在生產力沒有變更的時候，是沒有什麼好的辦法，把他加以改進的。中國古代的仁君，最多只能做到薄賦斂。薄賦斂的結果，也只能使這些自耕農生活不致惡化而已。這雖然在中國的歷史上，已經是難能而可貴，但是這種典型的中國自耕農生活，如與近代文明國家的自耕農生活相比，相去實有天壤之別。

近代文明國家的自耕農生活程度，所以能夠上升的原因，就是因為他們把握著新的生產力。曳引機及其他新式農業機械，是新的生產力的象徵。有了這種新的生產力，一個農夫，可以耕種的田地，便擴充了若干倍。我們用人力與獸力來耕種，所以每一個農夫，只能耕種三或四英畝的土地。但是已經採用或局部採用了機械耕種的國家，農民所能耕種的面積便擴大了，如德國的平均農場為二十二英畝，瑞典為二十五英畝，丹麥為四十英畝，美國為一百七十四英畝。在這樣大的農場上，收穫自然非小農場所可比。因此這些國家的農民，以其收穫所得，除了交稅，除了滿足衣食住的需要之外，還有剩餘，可以作教育、醫藥衛生、娛樂、旅行，交際、慈善事業及儲蓄之用。他們生活程度之所以提高，因為他們有大農場，用機器耕種，每人的收穫量豐富的緣故。

三、如何變動農業中的生產力

我們為想提高中國農民的生活程度，使其可以與文明國家的農民相比擬，非變更他們的生產工具不可。

可是在過去二三十年之內，提倡中國農村改革的人，很少在這個問題上用心思的。只有這次抗戰勝利之後，善後救濟總署的主持者，才大膽的在農業機械化一問題上，作初步的嘗試。現在有好些省份，如河南、浙江、湖北等省，都得到了一些曳引機，作開墾荒地的工作。我於一九四六年的十一月，曾到過湖北京山縣的羅漢寺，參觀那兒合作農場上曳引機的工作。我同農場上的技術人員談話，知道羅漢寺一帶的土地，在抗戰期內，已有六、七年沒有耕種過了。野草的根，入土很深，如用牛耕，每日只能犁地二畝，但用曳引機，每日可以犁地約一百畝。因為機器的效率高，所以京山合作農場，開墾二萬華畝荒地，共擬招收四百家農戶，每戶可以分得農田五十畝。五十畝這個數目，比較長江一帶的平均農場面積，至少要大二倍以上。所以將來合作農場上的農民，其生活程度，一定可以比普通農民要高些，這是可以想像得到的。

京山農場，是在荒地上建築起來的，所以沒有地權的問題。在人煙稠密的地方，如欲推行農業機械化，許多困難的問題便發生了。

第一、農業機械化之後，需要農戶的數目便減少了，這些多餘的農戶，安插到什麼地方去？

第二、細碎的農場，像目前中國鄉村中所呈現的，並不適於機械的使用。為使曳引機可以發揮其作用起見，現在的農場，應當如何合併？

第三、假定農場已合併了，參加工作的人，其土地權的收穫及其個人工作的收穫，如何計算？

這幾個問題，在理論上都是需要解決的。解決了這些問題，然後中國的農業機械化，才可以實現。

四、農業機械化的步驟

我們先討論第一個問題。

農業機械化的一個目標，就是要提高農民的生產效率，以少數的農民，來耕種中國的已耕地。在已耕地並不減少而農民數目減少的條件下，每一農民的收穫量，自然增加，因而他的收入，他的購買力，他的生活程度，也就自然隨之而提高。所以曳引機到了農村，引起一部份人民的離村，乃是我們所想達到的目標，不必驚奇。我們所要考慮的，乃是這些剩餘的農民，應當安插在什麼地方。我們的答案，是把他們安插到別的職業裡。因此，農業機械化，應當與中國現代化或工業化同時進行。我們應當計劃，假如在下一年內，新興的工業、礦業、交通業、運輸業，以及其他的職業中，需要若干人力，我們便以等於這些人力的曳引機，送到農村中，去換出農民來。這樣的辦，農村中的生產力不會減少，因而到別的職業中去的人民，在糧食上也不會發生問題，可是在別的職業中，因為這批生力軍加入了，生產便會加增，事業得以發展，結果一定可以使全國的收益加增。這個辦法，並無新穎之處，歐美與蘇聯，在現代化的過程中，人口的移動，都是從農業轉到別的職業，我們不過採用他人已經走過的途徑而已。

我們在此要特別指出的，就是這兒所提出的農業機械化辦法，乃是一種漸進的辦法，由局部的機械化，以至全部機械化的辦法。我們所以不主張農業立刻全部機械化的原故，一因曳引機不是一下就可以造得出許多部的，但是如欲中國的農業全部機械化，大約需要二百五十萬部左右的曳引機，其他的機械還未計算在內。這一大筆資本，不是短時期內可以創造出來的。其次，即使我們能夠弄得到這麼多的曳引機，我們也不應馬上採取全部機械化的辦法，因為如採用這種辦法，馬上就會發生大規模的失業問題。根據別個國家的經驗，農業以外的職業，吸收人口的能力，在短時期內，是有一定限度的。原因是就業機會的產生，由於資本的加增，而資本的加增，無論是利用外資，或自己積蓄，都不是想要多少就有多少的事。每一種實業中，不加增資本，而加增就業的機會，只有在降低生產效率一個條件下可以達到，而降低生產效率，是與社會進化背道而馳的，為我們所不願意採取。美國自一九一〇年至一九三〇年，農業以外的就業人口，從二千五百七十萬人，加至三千八百三十萬人。在二十年之內，加了一千二百五十萬人，平均每年只加六十餘萬人。蘇聯自一九二六年至一九三九年，工人及僱員的總數，除開就業於農林漁業的不計外，從八百三十萬人，加至二千四百六十餘萬人。在十三年之內，加了一千六百二十餘萬人，平均每年增加一百二十五萬人。假定我們的工業化，其速度可與蘇聯相比，也就是說，假定我們每年可以從農業中提出一百二十五萬人，參加別種職業的生產，那麼我們每年送到農村去的曳引機，最好每年只能代替一百二十五萬人的工作。多造曳引機，只有使工農的就業人數失調，不是妥當的辦法。蘇聯在推行集體農場時，沒有顧到這一點，以致曳引機到了農場之後，一部份的農民，無法安插，結果只好打破社會主義的信條，對於加入集體農場的農戶，每戶分配私有農場一英畝左右，以便他們可以充分利用其閒暇。在集體農場上是用新的生產力，而在私有小農場上，還是利用舊的生產力，即人力及獸力。由此可見農業全部機械化，不是短時期內可以完成的，我們因此應當作長時期的打算。

五、土地國有與農業機械化

我們現在可以討論本文第三節內所提出的第二個問題，就是農場的合併問題。

目前我們這種小農場制度，阻礙了新生產力的使用，是很為顯明的。我們如欲利用曳引機來耕種，非剷除現在田畝間的經界不可。如何使這個目標實現，同時又使農民肯自動的來贊助這種運動，乃是我們所要討論的問題。

我們現在假定以七年的時間，來完成耕者有其田的工作。在七年之內，現代化所需的勞力，由現在都市中的遊民或鄉村中無地的傭農來供給。七年之後的第一年，中國農業以外的實業，假定可以吸收一百二十五萬人。此項勞力，應當用什麼方法來吸收呢？

為討論的方便起見，我們假定此一百二十五萬人，將平均分配於一百個都市的新興事業之中，於是每一都市，應向其附近農村吸收一萬二千五百人。為使這個目標易於達到，政府有幾件事，是要事先妥為籌劃的。所應籌劃的第一點，就是要製造或購買若干曳引機，使其所產生的能力，等於一百二十五萬人。第二、政府應在一百個都市的附近，興辦合作農場。在合作農場之上，是用曳引機耕種的。每一都市，既要向附近的農村吸收一萬二千五百人，以每一農戶平均有工作人口二點五計算，等於五千農戶。此五千農戶，也就是要轉業的農戶。政府於興辦合作農場，圈定農場範圍之後，應以保證轉業後之所得，不會減於過去五年平均所得之條件下，勸導合作農場中一部份的農民轉業。轉業之農民，其土地移轉給政府，政府所付的地價，也是等於地租七倍的債券，分七年付清。轉業的農民，一方面得到政府的保證，在新的職業中，其所得不下於過去五年的平均數，另外還可坐食地租七年之利，所以他們應當是贊成這種辦法的。

此五千農戶轉業之後，合作農場上的勞力，大為減少，但因有曳引機的替代，所以生產力並未減低。這些加入合作農場的農戶，我們假定他們都是自耕農，但其田畝之多寡是不等的。政府對於他們的參加，只附一個條件，就是所有的土地，都要以債券收歸國有。政府於七年之內，付以等於地租七倍的地價。所以合作農場成立七年之後，農場上的土地，便由私有移轉為國有了。合作農場成立前的七年，是土地由地主轉入自耕農手中的時期；合作農場成立後的七年，是土地由自耕農手中轉為國有時期。合作農場的推廣，也就是國有土地的推廣。等到農業機械化全面達到了，所有的農地，也都變為國有了。這是利用生產力來變更生產關係的辦法。可是加入合作農場的自耕農，是否可以贊成這種辦法呢？我們的推想，假如合作農場的辦法，對於他們有利，他們是會贊成的。而有利與否，要看合作農場上的收穫如何分配以為定。

六、農業機械化之後的收穫如何分配

我們現在可以討論本文第三節內所提出的第三個問題了。

我們理想中的合作農場，是由參加農場工作的自耕農的土地，與五千戶轉業農民的土地合併而成的。這樣的一個農場，其土地面積，如平均分配於參加農場工作的自耕農，則每一農戶的所得，可能比他參加合作農場以前的土地面積大好幾倍，這是我們最要記著的一點。但是因為有曳引機幫助耕種，所以土地面積雖然大了好幾倍，這些農民也照顧得來。他們耕種的所得，在合作農場成立後的七年內，因為土地權還未完全移與國家，所以要照常納稅，也許是等於收入的百分之十。另外我們假定曳引機是要租金的，此項租金，也等於收入的百分之十。餘下來的部份，除提出若干公積金外，其餘的在七年之內，一概照自耕農參加合作農場時所貢獻畝數的多寡分配。今有甲乙二自耕農於此，甲在參加時有田三十畝，乙在參加時有田二十畝，那麼乙的所得，應為甲的所得的三分之二。在此七年之內，轉業農民五千戶的所得，由政府代收。政府於收到此五千戶農民原有土地上分配得到的實物或代金後，以百分之三七點五，付與轉業農民，作為轉業農民應得的地價。餘下來的百分之六二點五的實物或代金，政府即用以收回自耕農的土地。自耕農在每一年內所應得的地價，等於一年的地租，如是者七年，自耕農的土地，便為國家所有。

在合作農場辦理以後的七年之內，自耕農的收穫，除了本人土地上的收穫外，另外還加上百分之三七點五的地價所得，所以他的收穫是加增了。他的支出，表面上似乎加了一項，即曳引機的租金，但是如無曳引機，他得買牛或者僱用人力，此項支出，照浙江省試用曳引機的計算，可能大於曳引機的租金。收支相抵，他是有利可圖的。七年之後，所有合作農場上的土地，都為國有了。政府對於這個農場，或者收租，或者把自耕農一律當為國家農場的僱員看待，一律付給薪資。無論是採那一種辦法，對於農民都是有利的。因為農場的面積較前擴大了，所以自耕農而使變為國家的佃戶，其所得也會超過他在自耕農時代的所得。試舉一例說明此點。假定在自耕農時代，某甲有田二十畝，每畝收穫穀物三擔，共為六十擔，除去田賦十分之一約為六擔外，餘下的為五十四擔。加入合作農場之後，因為有轉業農民留下的土地，每一合作農戶分配得到的土地，一定要大好幾倍。現在假定只大三倍，又假定每畝的收穫量亦如前，共為一百八十擔。除去向國家納租百分之三七點五應為六七點五擔外，尚餘一一二點五擔。他的收入，比在自耕農時代還多，所以他的生活程度也會好轉，這都是新生產力所造成的結果。

七、結論

我們提出的土地改革計劃，不但是生產關係的改革，也是生產力的改革，似乎比主張耕者有其田的人，更進一步。這種計劃的實行辦法，尚待詳細的規劃，理論上也許有若干點，還要修正。這樣一個大問題，我們不敢說是看得已經十分周到，希望國內對於這個問題有興趣的人士，共同加以研討。

四月七日，清華園。

（乙）討論

一、徐毓枬

據我了解，這個計劃之重心只是兩點：

（一）在七年以內，解決地權問題，消滅地主與佃戶二階級，使全國從事農業者都變為自耕農。

（二）然後視國家工業上人口之需要，逐漸舉辦合作農場，利用新式農具，讓一部份人轉業。合作農場成立後七年之內，自耕農又喪失其地權，地權屬於國家。

對此計劃，我願作以下批評：

（一）這個計劃不區分大地主與小地主，祗要是地主，其地權皆將被消滅。我不明白為什麼地主階級特別成為攻擊對象。今日鉅富收入之主要來源，怕不是地租而是投機利潤或利用政治勢力之榨取：今日鉅富財產之主要形態，也不是土地，而是外匯、黃金、股票。不從這些鉅富入手，而從這些地主著眼，因而累及無辜小地主，實在不能算公平。

（二）我不明白這個計劃用意何在，如果是：

(a)政治的，解決農民土地荒心理，使他們安心務農，那麼到了耕者有其田以後便應終止。現在這個計劃是先給佃戶田，然後再把田收為國有，讓佃戶們空喜歡一場！是否有玩弄手段之嫌？

(b)如果目的僅把土地收歸國有，辦理合作農場，則又似乎不必「一番工作兩番做」。國家祇須視工業上人口之需要，逐漸圈地辦理合作農場，把地權收歸國有。此時可分為三種情形：(1)所圈地全是地主的，則讓一部份佃戶轉業。如果留在合作農場上之原佃戶，加上新式農具，可以維持原產量（這是這個計劃之基本假設），則在此產量之中，提出百分之三七．五，補償地主，如是者七年。其剩餘的產量，則作為農場勞動者（即原來的佃戶）之工資，也許政府還可以剩餘一部份。(2)如果所圈地全是自耕農的，則讓一部份自耕農轉業。在全部產量中，提出百分之三七．五，依土地大小分配於所有－轉業與未轉業的——自耕農。其剩餘產量，則依土地大小分配於未轉業的自耕農。如是者七年，其後地權都屬於國家，此農場上即無自耕農，祇有工資勞動者。(3)如果所圈土地，一部份屬於地主，一部份屬於自耕農，處理原則亦甚簡單：讓一部份人轉業；提出全部產量之百分之三七．五，作為收買地權之用；其剩餘產量則按參加面積，分配於各戶，其屬於地主者，即作為政府之收入，為支付未轉業佃戶之工資。

（三）我們又要進一步問：土地收歸國需之目的又何在？據我從本計劃看，似乎又祇有兩種：

(a)消除地權之不平均，我的批評是「不必一番工作兩番做」，並提出一個較簡單的辦法，見前（二）(b)。

(b)使得留在農業中工作的人員，其收入增加，因之其生活程度可提高。若僅為此目的，則不必牽涉地權問題。國家祇須圈定土地，強迫實行合作農場制，並令一部份人轉業。佃戶應儘先轉業，自耕農轉業時，其土地由其他參加合作農場者承購，所得產量則依土地大小而分配。國家再以徵稅方式，補償農具之費用。我覺得利潤動機還未可一概抹殺，用bonus wages制，就增加產量一點而論，怕還不如私有財產制。

總之，我覺得這個計劃顧慮（或想取悅please）的方面太多，因之專從每一方面看，都不能令人完全感到滿意。我的批評可歸納為三點：（一）不公平，（二）要消除地權則不必經兩次手續，（三）要提高生活程度則不必牽涉地權問題。

最後，為對原作者公允，並不讓讀者有「此計劃一無是處」這種錯誤印像起見，我雖然有以上批評，但還覺得到現在為止，這個計劃還是最切實，穩健，周詳的。

二、戴世光

景超先生的文章讀過之後，我在原則上對其中心意見是完全同意的。簡單的說，原文的中心意見有兩點：第一點主張土地國有，第二點主張農業機械化。前者是為了改革生產關係，強制的使不勞而獲的地主們改業參加生產；後者是為了改進農業的生產力，使農業逐漸為工業化。這兩層在原則上我沒有異議，可以不必作補充的討論。即就原文的內容而言，似乎也認為原則上沒有什麼問題，而問題卻在方案方面或者在計劃方面。這一層由原文的主要部份全用在討論如何設計，如何運用，如何逐步完成預定的步驟等，即可證明。因此，我願就計劃方面提出兩點意見，以資討論。

（一）為什麼不直接將土地收購歸為國有；而採取土地由地主轉入自耕農手中，再將土地由自耕農手中轉為國有的辦法？在沒有討論這個問題的利弊以前，我們須先說明下列兩點：第一，在計劃上我們不能假定依舊維持「民可使由之，不可使知之」的態度。計劃中的程式既然分為先後兩個七年的階段，一共不過才十四年，國家自然應該明白的公告，使農民不分地主或者佃農全須理解土地改革的實施步驟。第二，全面計劃的推動必須具有強制性。例如在開始的時候要地主計劃著另謀生路，於七年後將取消其土地的所有權，並於七年內照樣繳納地稅，這是須要由國家以法律強制執行的。再例如所謂「勸導」合作農場中的一部份農民轉業，以素來安土重遷的農民性情和著重生活實際的習慣，對轉業也須具有強制性。由於第一點說明，佃農自然會為其本身的經濟利益，作一個長期的打算。最初七年佃農須以地租清償地價，七年後雖成為自耕農，但不論被勸導轉業或者參加合作農場，都僅能在七年中收回地租七倍的地價。土地所有權的問題，佃農將對之毫無興趣。結果，一者影響佃農（也包括自耕農）對土地的愛惜和培殖；一者增加行政上的手續。由於前列第二點的說明，可見土地改革的實施必須具有強制性（強制性問題並不因方法的緩急而有區別。）既然如此，何不直接分七年或十四年，按地租七倍的地價，以債券收地主和自耕農的土地歸為國有？

（二）轉業農戶人口離開農村，並不能減少農業人口，間接的不會改善農民的生活程度。原文中的計劃，每年由農業人口中提出一百二十五萬勞動者，並以每一農戶平均有工作人口二點五計算，共提出五十萬農戶。我暫以平均每農戶五口為準，則轉業的總人口為二百五十萬。根據目下我國人口總數吸農業人口比例的估計，共應有農業人口三億五千萬人。每年被勸導轉業不過佔農業人口的百分之點七，（亦即千分之七）。以上還是靜止人口的看法，實則，以我國人口的動態情形而言，苟予以安定休養生息的機會，則每年的自然增加率將不止千分之十。增減之下，農業人口並不能因實施轉業計劃而減少的。若按原文假定合作農場的土地面積較自耕農原耕種的面積大至三倍的說法，則劃入合作農場的自耕農戶僅為原有農戶的千分之二左右。如果圈入合作農場的範圍包括的較廣，則所增加的土地面積就極為有限。再就農業機械化而論，農業生產中運用機械也只能提高每單位勞工的生產效率，並不能顯著的增加每單位土地面積的生產。所以，按原文計劃的轉業辦法，既不能減少農業人口；復因轉業的比數太小，平均農戶所耕植的土地面積難以加多，結果，農民的生活程度並不能顯著的提高的。根據上列的分析，為了都市工業的發展，需要增加勞力，農村人口轉業是必須的；但是，為了擴大農場，農業機械化和提高農民生活程度，僅以轉業為主要計劃，卻是不夠的。

以上兩點意見，或以為過於偏重計劃方面的問題，實則原文的主要性質如此，尚希著者予以指正。

三、陳振漢

景超先生現在所提出的還是一個初步的原則上的方案；我僅就下列三點，來和大家簡單討論：

（一）我們如果要靠農業機械化來減少農民人數，提高他的生產效率和生活水準，農業以外的產業活動不特應能完全吸收農村中為機械所排斥的剩餘勞力，使農業人口相對的減少；而且應能吸收農村中由於人口自然增殖所增加的人力，使農業人口逐年絕對的減少。換句話說，我們要推進農業機械化，而不使農民失業問題更加嚴重，一定要使得每年裡面離村人口所占全體農民的比率，大於農業人口的自然增殖率。景超先生假定在七年以後我們進行與蘇聯五年計劃以來相等速度的工業化，因工商業的進展，新建設的「都市」每年能夠，容納一百二十五萬人，那麼只要每年因農業的機械化所促成的離村農民，不超過這個數目，即不至有農民因農業機械化而失業。這樣即可達到「已耕地並不減少而農民數目減少的條件」，每一農民的收穫量與生活水準可以增加。私意以為在景超先生所假設的情形下，我們只能說農業機械化本身不至於造成農民失業，至於要達到減少整個農民數目，增加生產效率的目的，一定得工業化達到一個速率，使得工商業活動每年所能吸收的農業人口，（同時如果農民原來已經充分就業），也就是每年機械所替代的農民數目，超過每年農業人口的自然增加率。如果中國現在的農民是三億，照景超先生的假定，每年用曳引機替代其中的一百二十五萬，每年所減少的不過全部農民的百分之〇．四，中國人口自然增殖的確切狀況，恐怕少人知道。Colin clark曾根據金陵大學卜凱等的調查，估計中國人口平時的每年增殖率為百分之一。即使假定增殖率為百分之〇．五，如以每年百分之〇．四的速率替代，仍無法使農民數字絕對的減少。在國民收入增加以後，增殖率可以逐漸減低，但隨著人口的自然增殖，一百二十五萬人所佔全部農民的比率也更微細。

（二）景超先生所提出的方案，主旨在以農業機械化來變動「農業中的生產力」，他所憧憬的中國未來農業似乎是普遍應用曳引機的大規模耕殖農場，機械化農場依據技術與經濟需要，得有最低限度的規模，因此景超先生主張合併現在的細碎小農場，剷除田畝間的經界。不過這種耕種方式不但須具備經濟條件（資本與勞力的相對供給數量），而且需有技術與地理條件。在技術條件上最便於利用曳引機收穫機或複用機（combine）的是旱作（dry farming），許多作物的種植，如水稻、蔬果，是很難或甚至無法利用機械的，在地理條件上曳引機的最有效的利用是在土質均勻施種簡易的大平原或草原，尤其適宜於開墾這類荒地，拿俄國的農業機械化經驗來作例子，在各種農業生產裡面，集體耕作與機械化比較具成效的，只是穀物種植，在畜牧方面結果很壞，在蔬果栽培，則根本尚未怎樣嘗試。就地理區域來說，在歐俄境內機械化最有貢獻的是在南俄草原烏克蘭與西部西比利亞。烏克蘭土壤肥沃，只需耕種以時，不施任何肥料便可坐待收穫。至於開闢草萊，也與景超先生所視察過的京山羅漢寺一樣，是曳引機與複用機械最能用武之地，然而就是在這樣有利的地理環境下，直至第二個五年計劃當中，機械耕種在俄國尚未能若何提高每畝耕地的產量。在中國荒地已經很少，與俄國同樣適宜於利用機械的土地為量恐也不多，大概只有在東北比較最適宜於機械耕作，此外是在西北與黃淮流域麥作區域，但這些地帶最多恐不過佔全國可耕地的五分之三。

當然這不是說在江南水稻地區以及其他不甚適合於機械耕作的區域，農業生產技術已無可改進無可用資本替代人工的餘地。肥料種籽的改良，水利建設的推廣與電力灌溉的試用，這些把農業資本化以提高勞工生產效率的辦法，全國各地應綽有施用的餘地。私意只是以為蘇俄式的機械化集體農場在中國所能推行的範圍未必很廣。

（三）無論何種方式的農業投資，在中國需要立刻推行與否，比較主要的考慮，還是在今後工業化過程中，資本供給是否充足，使得在工業建設以外，復有餘力顧及農業方面。將來的實際情形此時姑且不談，景超先生本文的主旨也只在就農業改革談農業改革，私意終以為如就提高全民的生產效率著眼，在今後相當期間內，工業投資要比農業投資為重要，中國的耕農並不是單純的勞工，而是熟練勞工；他們的耕種效能與稼穡經驗，實際是生產資本。中國的工業化工作暫時恐怕只能做到吸收農村中的剩餘勞力與增殖人口，消除隱蔽失業，不能即作全盤以機械替代充份利用著的人力的打算。

四、韓德章

吳先生特別指明變更生產關係應顧到變更生產力，這一點，十分值得重視。因為在生產效率低微之情況下，單靠調整生產關係是無濟於事的。關於農業機械化的實施，筆者認為有下列四點，可以商榷：（一）農業區域位與工業區位，各有其形成的因素存在，不必一致，因此新興工業儘可以向一百個都市集中，而機械化的農業生產中心，仍可設置於遠離都市的地帶，甚至散在東北，陝、甘、寧、青康等邊陲。農業地帶與工業中心靠鐵路運輸取得聯繫。（二）機械化的農業——指用曳引機與收穫打禾兩用機的大規模與高速度生產而言——只適於專業化與商業化的粗放經營，在人口較密的國家，稍受限制。所以在推行農業機械化時，要顧到各別農業地帶之自然環境，作物制度，人口密度，農產品市場等等條件，各別地帶不能一概而論。（三）為實施農業機械化，應竭力設法發展鋼鐵工業與機械工業，同時開發西北油田，並發展鍊油工業，以求耕具與液體燃料之自給。（四）新生產制度實施之際，農產品之分配制度亦需要有合理的調整，一切農產品之檢驗、分級、整理、加工、包裝、倉儲、運銷等，均應有統一的控制，消除中間商人之剝削，其意義與消滅地主階級，一樣重大。此外農業機械化的社會的影響，亦值得注意，農民因機械化而節餘的人力，不只可以轉業為從事次級產業之用，節餘的時間勞力，還可以用於教育、衛生、社交、娛樂、政治活動……，農業機械化不只改善農村經濟，同時還靠他來改造農村社會。

(丙)總答覆

吳景超

我寫完〈論耕者有其田及有田之後〉，送給一些朋友去批評，承徐毓枬，戴世光，陳振漢，韓德章諸先生把他們的意見寫出來給我，讀後非常感激。韓德章先生的四點意見，及陳振漢先生的第二點意見，全是補充性質，不必答復。其餘各位先生所提出來的意見，我綜合答覆如下：

(一)消滅地主階級，是否公平？

公平的觀念，歷代常有變更，本屬於「價值」範疇，不能像科學原理的可以用事實證明。我個人的看法，以為一個階級，假如他在生產過程中，有其貢獻，那麼消滅他是不公平的。假如他在生產過程中，並無貢獻，只過一種寄生的生活，那麼消滅他是公平的。同時，我們還要看我們所採用的方法，是否合理。地主階級，雖然已失其功能，但他們乃是社會制度的產物，社會對於他們地位的形成，也要負一部份責任。因此，我們不可以為某人是地主，便要驅逐他，或者殺掉他。我們應當給他一個機會，使他可以從一個不生產者，變為一個生產者。這就是我們提議以七年的時間，來消滅這個階級的理由。我的文章，是談土地問題時，在此範圍之內，自然不必牽涉到別的不勞而獲的階級。徐先生說我的文章中不攻擊別的鉅富，為不公平，其實此乃為題目所限制。別的問題，應當在別的題目下討論。

（二）一番工作為什麼要兩番做？

徐先生及戴先生都提出一點來質問我，那就是：為什麼不直接將土地收歸國有，而要分作兩段辦理。他們兩個人既然都提出同樣的問題來，顯然是我沒有把我的意思說得清楚，其實我的意思是很簡單的：我所以要分作兩段做，因為是要解決兩個不同的問題。第一個是生產關係問題，這是可以全國同時解決的，可以在七年之內到處解決的。解決之後，全國便沒有地主，也沒有佃戶，而只有自耕農。地主剝削佃戶的事實，在七年之後，可以完全不存在。第二個問題乃是生產力問題，這不是短時期內可以解決的，我們要逐步的推進，須要比較長久的時間。

在我的文章中，我曾提議，在全國農民都成為自耕農之後，我們即可開始農業機械化的工作，第一年由農村中吸收一百二十五萬人，令其轉入別的職業。此一百二十五萬人，假定等於五十萬農戶，中國目前大約有農戶六千萬，那麼五十萬農戶，不過總農戶一百二十分之一而已。所以在我們開始改良農村生產力的第一年，只有很少數的農戶要轉業，也只有很少數的農戶要加入合作農場，因此也只有很少數的土地，要收歸國有。以後機械化的範圍逐漸擴大，國有土地的面積也就逐漸加增。

這兩種工作所需的時間既然不同，自然不能在同時內完成的。

如照徐先生所提出的辦法，國家祗須視工業人口上之需要，逐漸圈地，辦理合作農場，把地權收歸國有，那麼我要問：在合作農場以外的佃戶，是否讓其依舊向地主納租呢？假如徐先生的意思，是在合作農場沒有推行之前，地主與佃戶的關係依舊，那正是我所反對的。我以為生產關係的規定，是法律方面的事，只要輿論贊同，或行政者有此勇氣，則變更法律，不過是議會中舉手之勞，實在是很容易的。而生產力的變更，卻不可一蹴而幾。我們不能因為後者推動得慢，而把前者也擱下來。

同樣的，我以為戴先生所謂佃戶因為土地有兩次改革，因而對土地所有權問題不發生興趣，也是過慮。他以為佃農變成自耕農以後，一定要被勸導轉業，或參加合作農場。其實是不然的。如上面統計所表示，只有少數的佃戶，在成為自耕農之後，是馬上又要走到轉業或參加合作農場之路的。大部份的佃戶，在成為自耕農之後，因為農業機械化遲緩的緣故，是要花很長的一段時間，也許是終身要在他自己的農場上耕作的。但是他的收穫，沒有地主向他要租，這是使他的生活程度，即使沒有機械化，也可以略為提高的一個因素，所以徐先生謂要提高生活程度，不必牽涉地權之說，我不同意。難道一個交租的農夫，和不交租的農夫，中間就沒有一點分別嗎？

（三）農業機械化與人口問題

戴世光先生及陳振漢先生，都提到人口問題。他們一方面看到農業機械後轉業人數的有限，一方面看到我國人口自然加增率之高，因而懷疑：即使轉業者每年有一百二十五萬人，農民的生活程度，是否可以提高。我對於這個看法，極表同情。我在沒有寫這篇文章以前，腦海中原來另有一個題目，名為「三管齊下的經濟建設」，說明農業機械化、工業化，及節制人口，應當同時辦理，才可以收提高生活程度之效。後來覺得人口問題牽涉太廣，有另外寫文章說明之必要，所以在這篇文章中，便沒有提。其實我很同意陳、戴二先生的看法，認為如鄉村中移出的人數，不能超過增殖的人數，那麼生活程度是很難提高的。可是我也要說明一點，就是中國人口，在目前那種高的自然加增率之下，如不立即推行工業化及農業機械化，則農民的生活程度，有更趨於惡化之虞。農業機械化，雖然不是提高農民生活程度唯一的因素，卻是許多因素中，一個很重要的因素。

（原刊《新路》第一卷第二期）

中國工業化的資本問題

（甲）本文

現代生產與過去生產最不同的一點，就是現代化的生產，所需要的資本很多。在採集經濟時代，一個人從他的巖穴中，跑到野地上去採集自然界所賜予的植物或小動物，身邊是不帶什麼資本的。雙手是他唯一的工具。人類自從以赤手空拳來打開生路的時候起，到二十世紀為止，少說一點，也有五十萬年至一百萬年。在這樣悠久的歲月中，他的物質生活的進步，完全有賴於資本的蓄積。到了現在，我們比較各國生活程度的高下，探索造成這種不同生活程度的原因，一定可以發現一條原則，就是每一個生產者所能利用的資本，其大小是決定他的生活程度一個最重要的元素。一個用牛耕田的人，與一個用曳引機來耕田的人，其所利用的資本，是有多寡之不同的。用牛耕田的人，其所利用的資本，沒有以曳引機耕田的人所利用的資本多，因而前者的生活程度，也趕不上後者。誰能控制更多的資本，誰的生產力也就愈大，因而他的生活程度也就愈高。

從這個觀點看去，提高中國人民生活程度的問題，也就是一個如何加增資本，擴大每一個中國人的生產力問題。

（一）中國工業化需要多少資本？

對於這個重要的問題，我們願意提供幾個答案。讓我們用幾種不同的方法，來計算一下，中國在工業化的過程中，需要多少資本。

第一個計算的方法，就是先開一個單子，臚列工業化項目，然後對於每一項目，估計所需的資金。關於這一類的材料，我們所搜集到的，極為零碎。譬如安諾德（Julian Arnold）曾替我們計算過，中國需要新築鐵路十萬英里，以每英里需美金五萬元計算，共需美金五十億元。法理斯（L. M. Pharis）以為中國發電的設備，過於簡陋，目前所有發電能力，不過七十萬瓩，但中國至少需要二千萬瓩（美國有五千萬瓩）。每瓩的建設費，在美國為三百五十美元，中國因為人工便宜，可以每瓩二百七十五元計算。二千萬瓩的建設費，應為美金五十三億元。資源委員會曾有一個擴充棉紡織工業所需資金的估計。中國在戰前計有紗錠五百萬枚，如再加增五百萬枚，共需美金五億六千萬元。像這一類的估計，我們所沒有看到的應該還有。假如每一估計，都出自專家之手，是很有價值的。可惜這種材料，只是片段的，把這些片段的材料加起來，得不到一個工業化所需資金的總數。

第二種估計的辦法，是看我們在工業化的過程中，每年擬在農業中，抽出多少人來，使其轉業。同時再看每一個轉業的人，社會應該替他安排多少工作所必需的資本。有了這兩個數目字以後，每年所需要的資金，便容易算得出來了。這種估計方法所根據的理論是簡單的。任何一個農業國家，在其工業化的過程中，人口的職業分配，必然的要引起劇烈的變動。像中國這種國家，有百分之七十五的就業人口，是集中於農業，而只有百分之二於五的就業人口，分佈於其他各種行業。工業化之後，此種職業分配，必然的倒轉過來，即就業人口中，可能只有百分之二十五，從事於農業，而其他的百分之七十五，則從事於農業以外的生產事業。這種改變，不是短時期之內所能實現的，也許要五十年，也許要一百年。有人曾替我們計算過，假如中國的農業人口，從百分之七十五，減為百分之六十，中國的全國收益，可以加增一倍。假如再從百分之六十，減至百分之五十，中國的全國收益，可以加增三倍。這種成績的表現，並不足奇，因為農業人口百分數的降低，就是工業化的一個象徵，而工業化是必然的會加增全國收益，這是施諸四海而皆準的一條原則。

在工業化的時期內，我們對於轉業的人數，願意作兩個假定，一為每年六十萬人，一為每年一百二十五萬人。（此種假定的根據，參看拙著〈論耕者有其田及有田之後〉，見本刊一卷二期）對於每一轉業的人所需的資本，我們也作兩個假定，一為四千六百美元，一為四十七美元。這兩個數目的距離，相差很大。四千六百美元這個數目，是美國的資源委員會，計算美國在一九三五年，每一就業人口，所能利用資本的數目。四十七美元，是汪馥蓀先生，估計中國目前全部就業人口，每人平均利用的資本。我們利用的資本，數目太低，所以我國工人的聰明才智，雖然天賦的並不比別人差，可是我國工廠工人的生產效率，照巫賓三及汪馥蓀二先生的估計，只等於美國工人十九分之一。這種差別，亟需改進，加增資本，便是改進我國工人生產效率最基本的方法之一。

根據上面的幾個數字，我們可以算出幾個不同的答案。第一，假如我們每年使六十萬人轉業，而轉業的人，每人只替他預備四十七元美金的資本，一共只需美金二千八百二十萬元。第二，假如我們還是使六十萬人轉業，但每人要替他預備四千六百美元的資本，一共便要美金二十七億六千萬元。第三，假如我們每年使一百二十五萬人轉業，每人有四十七元美金可以利用，一共只需美金六千零十五萬元。第四，假如我們還是使一百二十五萬人轉業，但每人可以利用的資本，為美金四千六百元，則所需資金的總數，便為五十七億五千萬美元。

在我們批評這幾個數目字之前，我願意介紹美國一位經濟學者斯丹萊（Eugene Staley）對於我國資金需要的估計。他的計算，是根據若干假定而來的。第一，他假定中國以後工業化的速率，等於日本在一九〇〇年以後工業的速率，第二，他計算自一九〇〇年起，每一個十年之內，日本在工業上的投資，總數若干。第三，他以此根據，來計算中國在以後四十年內對於資本的需要。在把日本的材料，應用到中國的時候，他曾根據中國的面積及人口，加以修正。有些材料，他是根據中國的面積來加以修正的，如在鐵路上的投資，中國的面積大若干倍，需要也就大若干倍。又有些材料，他是根據中國的人口來加以修正的，譬如麵粉廠上面的投資，中國的人口多若干倍，需要也就大若干倍。根據他計算出來的結果，是中國在戰後如實行工業化政策，則第一個十年，每年需要美金十三億元；第二個十年，每年需要美金二十三億元；第三個十年，每年需要美金四十四億元；第四個十年，每年需要美金五十一億元。

斯丹萊的估計數字，有一點是極有趣味的。在一九四三年正月，翁文灝先生，曾在重慶有一公開演講，謂中國戰後為推行一個五年建設計劃，共需資金約為戰前國幣三百億。此三百億資金，應於前四年內支付，每年平均須國幣七十五億元，約為美金二十三億元。此項估計，與斯丹萊估計我國在戰後第二個十年每年需要的數字相同，也與我們上面假定每年六十萬人轉業，每個轉業的人需要六千四百美金的總數二十七億六千萬美元，相差無幾。

所以，我們就假定在最近的將來，如要實行工業化，每年需要資金二十三億美元罷。

（二）中國能夠供給多少建設的資本？

在一九四二年，我曾根據不甚完備的資料，估計中國在戰前用於經濟建設上面的款項，約在五億元左右。這個數目，我以為在下列的條件之下，是可加增的。

第一，假如我們能夠改良稅制，特別是田賦及所得稅等，那麼每年中央及地方的收入，應可加到二十億元，假定政府分配預算時，能更注意於經濟建設，以收入百分之二十，用在這個上面，則每年便可有經濟建設經費四億元。

第二，假如我們能改進國內的生產，使國民每年在衣食住各方面的消耗，都可自給而無須外求。又假定我國對於入口貨品之種類，能略加管制，使入口貨物中，百分之七十，皆與經濟建設有關，則每年我國在國外市場十億元的購買力，可以有七億元，用於經濟建設。

第三，假如政府能設法使國人的儲蓄，能盡存入國內的銀行，使儲蓄數量，由戰前平均之每年五億元，增至十億元。又假定政府對於人民投資的途徑，略加管制，使每年的剩餘資金，有百分之七十，投資於經濟建設事業，則從國民總儲蓄中，每年可有七億元，用於經濟建設。

以上三項合計，每年用於經濟建設的款項，可達十八億元，較過去每年之五億元，超過三倍以上。

這個十八億元的估計，因為方法不甚嚴密，所以我常希望有人出來矯正它，希望有人根據比較精確的數字，作一個更可靠的估計。但是這種希望，至今還沒有滿足的機會。丁忱先生，曾把劉大中、巫寶三兩位先生對於中國全國收益加以檢討，而假定戰前一九三一至一九三六年之平均全國收益為二百五十億元之當時國幣。同時他又假定國民儲蓄為全國收益的百分之四，即戰前國幣十億元。我所希望達到的建設資金，為十八億元，等於全國收益的百分之七點二。根據各國的經驗來說，平均國民所得高的國家，也是儲蓄能力最大的國家。以每一個國家的歷史來說，當他的全國收益上昇的時候，儲蓄的百分數也越高。以中國人民的窮困，及全國收益總額之低而言，則每年儲蓄的百分數，只能在百分之五左右，是不足為奇的。但儲蓄的數量，是頗富彈性的。一個窮的國家，在強迫儲蓄的壓力之下，其所儲蓄的百分數，可以比一個富的國家在普通狀態下所儲蓄的百分數為高，蘇聯的經驗，可以說明此點。不過目前如想中國人民自己的儲蓄，可以達到每年美金二十三億，亦即等於戰前國幣七十六億，亦即等於全國收益的三分之一，恐怕是辦不到的。假如一定要做到這一點，則已在飢餓線上徘徊的中國民眾，非要再降低生活程度不可，這不是講人道主義的人所願意提出的主張。

因此，我們以為中國以後經濟建設所必需的資金，無妨用兩種方法籌集，即向國內募集，同時也向國外募集；即利用本國的資本，同時也用外國的資本。這是一條使中國在最短期內工業化的捷徑，我們應當在這條途徑上多想辦法。

（乙）討論

丁忱

（一）

我認為在討論工業化的資本問題的時候，我們不僅須注意如何籌集更多的資本，如何求最大的資本積聚，以加快工業化的速度。而更應注意這積聚資本的負擔，究竟落在社會上那一部分人的肩上，工業化的利益，究竟又為社會上那一部分人沾享得最多。前後兩種考慮可能是衝突的。日本的工業化，論速度，的確值得羨慕。論利益，幾乎卻為少數人獨享了。這兩種不同的考慮，應該決定一個先後，然後根據這先後的標準來決擇籌資的方法。例如英國在拿坡崙戰爭之後，政府債台高築，而這些公債，幾全部為富人所有，同時政府又以消費稅來還本付息。這樣加速了英國的資本積聚，對於整個的工業發展有莫大功效。但是，多數人的血汗，肥了少數的有錢人。這種情形，我們不得不留神。

（二）

以往中國的資本積聚大部分假手於社會上兩個階層。一種是農村裡的地主，一種是都市裡的買辦資本和官僚集團。因為這兩種人的收入最大，除消費之外，可能有儲蓄的。而大多數的勞動大眾，自顧衣食尚不暇，那來餘力積儲。但是這兩種人對於積聚資本，都沒有良好的成績。一部分收入揮霍在豪華的享受上，一部分窖藏起來了。在平時窖藏收入，從整個社會的立場說來，是一種浪費，毀滅社會上一部分購買力，如果同時沒有新購買力製造出來，用諸投資，則整個社會就少了一部分資本積聚。更要不得的是買辦官僚們把資本送到國外去。當這批資本逗留在國外時，就簡直等於把中國老百姓辛勤的產物，白送給洋人去消費。這種事實應該令我們警惕。

（三）

景超先生根據美國資源委員會和汪馥蓀先生估計的兩個資本數字，和兩個假定的轉業人口數字，得到四種不同的答案。汪先生的數字既然是中國目前全部就業人口每人平均利用的資本，而工業化過程中，生產機構的資本深度必然會加深，那麼，就以汪先生的數字作為轉業人平均所需用的資本數量，則結果一定是偏低的。如根據美國一九三五年每一工作者所應用的資本值來估計又必然偏高。因為景超先生所假定的轉業人數說明了他想像中的工業化不是很快的。同時中國的節儲能力也限制了工業化的速度。

（四）

在生育率和死亡率都高的中國，任何有關工業化的估計，不得不把人口的變遷計入。生育率的降低，往往在死亡率開始下降之後，在這段相差的時間之內，人口的數量可能有大量的增加。因此不但轉業的工作者需要新資本，新工作者也需要新資本。

（五）

至於斯丹萊先生的估計，實在頗成問題。他所假定的某種投資與人口，某種投資與土地面積的絕對關係，實可懷疑。例如政府建設項下的投資，交通和農業的投資，很可能與人口的數量有密切的關係。農業投資即使按土地面積推算，也應該是可耕地的面積，而非全部土地的面積。此外，中國人口增加的速率，真會如日本在二十世紀初葉一樣的快嗎？這些都是問題，我們如果把他的假定略略修正，所得的結果，可能有百分之二三十的出入。

（六）

對於資本的供給方面，景超先生指出了三個來源。我以為銀行信用的擴張，也應該列為重要來源之一。緩和的物價上漲，對整個工業化的進行是有益的。當然，如果用這種方法籌資，銀行應該全部國有的。

（七）

我同意景超先生的主張，估計工業化的資本需要，最好由專家把個別建設計劃加以估計。在沒有這種精細的估計時，我個人卻偏好從估計資本的生產率入手。這是一個技術問題，在此從略了。

谷春帆

中國工業化資本需要數目及可能籌集數目，在目前幾於無可估計。需要數目之大小與假想中工業化範圍之大小成正比例。若不先決定將來工業化計畫之範圍，吾們即無法估計其需要。在工業化的初期，決不能希望一步就與美國相比。所以根據美國每一就業人口利用資本之數目，而假定每一中國人，從農業轉入工業，也需要四千六百美元資本，顯然是過高的。反過來，根據中國目前全部就業人口，每人平均利用的資本額，四十七美元，而以為每一個中國人由農業轉入工業，也只消配給資本四十七美元，又顯然太低，並且失去工業化的意義。因為中國就業人口平均資本之低，正為大多數人是農業人口，大多數資本是農業資本之故。假使工業化的目標，使每人工業人口的資本，仍與農業人口的資本相仿，則工業化也就無從談起了。

三十三年在重慶時我曾經大膽假擬過一個中國工業化五年計畫。我假定只有必需的（私人不願意即刻舉辦的或不便舉辦的）幾種工礦事業、水利、交通、兵工由國家來辦。估計最低限度需要的資金。至於可能希望由私人資本自行舉辦的企業，我沒有估計在內。同時對於農業改良的資本（除去水利灌溉以外）也未曾估計在內。照此範圍估計最低限度五年計畫需要如下：（百萬元）

工礦事業	戰前國幣三〇五〇	美金一五二五
水利灌溉	五〇〇	
交通	一二九七	一一四八
兵工	一〇〇〇	
預備費	一四八七	
總計	七三三四	一六七三

照以上數目折合美金五年共需約美金五十一億，平均合每年十億。但是這種估計出入很大。決不是一、二人所能憑空推測。所以我很後悔不該太草率發表。我覺得現在與其大家隨便推測估計，還不如約集各方面專家，真真好好來從頭估計一回（當然先得確定一個範圍），比較更切實用。

至於中國可能自籌的建設資金。我也曾估計以為五年之內，至多可籌措戰前國幣九三七五（百萬）元。合美金三一二五（百萬）元。外幣部份當時亦有一估計。現在事隔數年，情勢全非。但根據美國聯邦準備銀行月報，去年年底中國存在美國銀行之款尚有二二九·九（百萬元）。這還是短期的。長期的投資如股票之類不在內。如建設開始，逃亡的資金肯流回。加上可能的日本賠款，華僑滙款中可能的部份儲蓄。也許可湊一相當數目。但這些估計，皆以積極實行工業化為前途。所以國家的財政政策、租稅政策、國際貿易政策、土地政策，以及就業與消費政策，皆以極端籌措資金為前提。假使這種假定的政策不成立，則我曾根據一九一二至一九三八年進口機器價值，求其每年增殖趨勢，僅為五，五一八，九六九鎊。約合二千餘萬美金。尚係連外國投資在內。如只算中國本國資本之增殖率，則每年約僅七百萬美金。這是純任自然的趨勢，自然談不上工業化。見拙著《中國工業化通論》（商務版）。

景超先生十八億元可用資金的估計方法，我不大詳細。他提到戰前儲蓄平均每年五億元。並希望國人儲蓄能盡存入國內銀行使其達到每年十億元。我想指出戰前銀行存款年增五億元，並非即係人民有五億儲蓄。可能其中竟無或甚少人民儲蓄。假使真有儲蓄，倒也不必定要存入銀行，方能作為工建資金。

汪馥蓀

吳先生的〈中國工業化的資本問題〉，最主要的地方，是在估計中國工業化過程中資本的供給和需求。因此我們的討論，也想集中在計算的方法和邏輯上面。

從資本的供給說，吳先生所估計的十八億元，實在是一個極含糊而重複的東西。拆開這十八億元；第一筆是政府自課稅收入中提出的「建設經費」四億，第二筆是人民的儲蓄十億中拿去投資的七億，剩下來的七億，吳先生說是入口貨物十億中百分之七十的資本物。我要指出，吳先生所估計的中國資本供給量，察際上只有十億，那是第二筆——人民的儲蓄量。因為只有儲蓄才真正是投資所需的「經費」，而這一筆「經費」才真正構成資本。吳先生說政府在稅收中提出四億作為建設經費，我們要問，這一筆錢是不是要老百姓扣住不用方能得到？老百姓的收入中扣住不用的正是他的儲蓄，那在理論上已經包括在第二筆的數目裏面，當然不能再算。其次說入口有七億是「和經濟建設有關」的資本物，要知道這七億資本物並不是從天上掉下來的，而是要拿東西去換的。如果拿米去換，那麼國內吃的米，總值就少了七億，那依舊要老百姓扣住一點花。扣下來的一筆錢，正是拿去買外國輸進來的機器以及一切「和經濟建設有關」的東西的。中國國民儲蓄可能增至多少？超過十億或者不及，那是另外一個問題。我們不能忽略的，是估計中國資本的可能供給量，只有從國民的儲蓄入手，像吳先生那樣的估計方法，不但概念模糊，而且可能給我們一種和事實不符的印象。

其次，就資本的需求而言，吳先生估計的四個數字，實際上是兩個極端的組合。我不明白吳先生為甚麼採用這種下手的方法？是不是中國就業人口手中的資本除了最高的四千六百美元和最低的四十七美元以外，再不許有其他的選擇？吳先生說翁文灝先生估計的數字，和他的第二個估計近似，所以他偏好他的第二估計。如果吳先生除了贊成翁文灝先生所估計的資本數目以外，並且贊成這一筆數目用途的分派，那麼，吳先生本身的四個估計，都顯得是多餘的，兩個數字的近似，只可以說是巧合。如果不是這樣，如果吳先生覺得他的第二個估計，有獨立存在的理論和根據，那麼吳先生給我們的印象，似乎是中國工業化的發展和理想，要和美國一模一樣。也就是說，美國自一九一〇至一九三〇年農業以外的就業人口，每年平均增加六十萬人，我們工業化初期每年也要轉業六十萬人，美國每一就業人口所能利用資本的數目，是四千六百美元，中國初期轉業的人，也必需有這種裝備。我懷疑吳先生為甚麼要那樣厚待他們，而把其他佔絕對大多數的丟開不顧，說句比較武斷的話，單單每年有六十萬幸運兒，要工業化，行嗎？

劉大中

在工眾化的過程中，所需資本的供給，自然是一個極重要的問題。在讀畢景超先生這篇文章以後，筆者想提出下列幾點意見，供大家討論。

（一）

用過去我國每年資本形成的數值，去約略代表我國將來可能自動供給的資本數值（Voluntary savings or investment）自然不失為一種辦法。但是估計我國過去每年的資本形成數值，幾乎是一件不可能的事。（至於資本形成應當如何估計，為什麼我國過去的數字無法估計，我們留在最後一段中略述。對於這種技術問題沒有興趣的讀者，可以把這最後一段略去。）

（二）

我們雖然不知過去資本形成的確數，但是大家都同意，這個數值一定極小，在經濟繁榮的年度是一個很小的正數，在衰微的年度是一個不至於太大的負數。所以在分析工業化問題的時候，我們可以假定人民可能自動供給的資本數值是零（在工業化的前夕和頭一兩年）這種假定離事實必然不遠，於分析結論的正確程度也必無太大的影響。所以要想工業化，我們就不能不用強迫的法子，或是利用外資。

（三）

按景超先生所提出的數字，在工業化的初期，我們每年需要二十三億美元的資本形成。我們的全國總生產值，在正常的狀態下，也不過八十五億美元。要從八十五億中省出二十三億來，除去採用極高度的累進所得稅以外，我們恐怕還必須直接限制消費（如定量分配等）。不過，我們就是把所有的法寶都使出來，二十三億恐怕仍是得不到。要想極力少用外資的話，除了用通貨膨漲一法外，更無其他途徑。政府可以用印鈔票的辦法，銀行可以用擴充信用的方式，投資到建設性的企業中去。

（四）

提到通貨膨漲，大眾難免頭痛。其實，用通貨膨漲去建設，和用通貨膨漲去戰爭，完全是兩回事。為經濟建設的目的而行輕度的膨漲政策，在不久的將來，物資的供給就會因建設而加多膨漲的過勢就可遏止。為減輕這種上漲的速率和縮短上漲的期限起見，我們在工業化的初期應集中精力在消費工業的建設上，把資本投到紡織、機械化農業、食品製造業、皮革業等範圍中去。在全國總產值提高、人民所得增加後，自動的儲蓄一定會增加，我們就可再打重工業的算盤。這似乎是比較合理的步驟，但與現在一般的見解恐不相同。主張先開發重工業的人所持的理由，恐怕不完全是經濟方面的。

（五）

達到每年二十三億美金資本形成的困難，不在這總數之不易籌措；用強迫性的辦法（包括輕度通貨膨漲），這是辦得到的。實際的困難，是在這二十三億中不能自製的工具器械那一部份。這一部份是必須進口的。我們即或把同值的出口貨產生出來，外國並不一定會買——出口是無法強迫的。我們只有兩個法寶來應付進口超過出口這一部份。一個是徵用人民在外的存款和資產；凡是無決心辦這件事的政府，就是誤國害民的政府。第二個是利用外資。我們似應儘可能的把外資數目壓低到這必不可少的水準上——在所有的法寶都用完了以後。

我們現在討論一下資本形成值的估計方法。本這篇文章中，景超先生以戰前期於經濟建設的款項，來約略代表我國每年聚集資本的能力；然後又用賦稅、進口、和銀行存款可能增加的數量，來代表我們資本形式能力可能增加的程度。這自然是因為我國統計資料缺乏，不得已而採用的一種方法。

如果要正式估計過去每年資本形成的數值，我們可以從投資或是儲蓄方面入手；用這兩種方法所得的結果自然相同。每年中投資和儲蓄的基本關係如下：

（政府總支出－稅收）＋私有國內投資＋對外投資＝私人儲蓄＋企業儲蓄

政府總支出和稅收是指本年度的數字而言；其他各項是指在本年度中增加的數值而言，這些項目在本年中如有減少，他們前面的符號就應當是負的。

在政府總支出中，有些項目是無永久性的服役性質，而不是資本形成性質，所以應當除外。我們的基本關係可以寫成下列形式（在下式中，投資與資本形成的意義相同）：

因為：政府總支出＝政府資本形成＋政府其他支出

所以：本年度資本形成總值

＝政府資本形成＋私有國內投資＋對外投資

＝私人儲蓄＋企業儲蓄＋稅收－政府其他支出

第①式指出從投資方面計算資本形成值的方法。我們須要知道本年度公有和私有廠房、建築、器械、和存貨的增加，以及國外投資的數目。除最末一項勉強可從國際收支表中估計外，估計其他各項所必需的數字，在我國絕不存在，連概數都無從猜度。

第②式指出從儲蓄方面計算資本形成值的方法。稅收一項勉可估計。從我國政府的預算和換算表中（就算所公佈的數字相當精確——這自然是說夢話）我們無法把投資支出和「其他」支出分開。

估計私人儲蓄，我們可從兩方面下手：（一）以從私人所得減去消費和賦稅支出。但是關於消費支出的數字太不完整，無法估計。（二）從本年度人民手中現款、銀行存款、對外放債、有形資產、對外負債，等項的變動中估計（例：假如現款增加十，存款減少二，不動產增加六，存貨減少五對外負債減少一，本期人民儲蓄就等於十）。有關這些項目的統計數字，在我國是泰半不存在的，所以無法猜度。

計算企業儲蓄也可以從相似的兩方面著手，所需的資料更多，更是無法估計或猜度。

估計我國過去的全國收益（即普通所謂「國民所得」，這個名詞無論從邏輯上或是從自外國名詞National Income翻譯上來看，都是不妥當的，在此我們不說），已是極困難的工作，所得的結果已是極不可靠的了。估計其中的資本形成部份，困難還要加倍，結果更不可靠——簡直不可靠到完全無用的程度。這步工作實屬勞而無功，以後似可不作，我們以後似應把我們的時間和精力用在搜集將來的新數字和資料上，使我們有估計將來資本形成值的可能。

蔣碩傑

景超先生在前面的大作中對中國工業化所需要的資本和我國可能供給的資本作了一個初步的估計。我對於這方面的統計數字從來沒有加以精密的研究，對吳先生的估計自然無法作「量的」批評。但是我對吳先生大作中的估計方法卻願貢獻一點意見。

中國工業化所需要的資本總額及每年之需要額並沒有客觀的標準。這需要的大小完全看我們所打算達到的工業化的目標和達成這目標的時限而定的。所以一切關於中國工業化所需要的資本的估計都只是條件的而不應看做絕對的。

吳先生所舉的資本需要的第一種估計方法，自然需要我們先確立一個類似蘇聯的五年計劃的工業化的全盤計劃，然後才能算出每年及全計劃期間所需要的資本。

吳先生所舉的第二種方法仍然只能給我們一個條件的估計。就是我們須預先決定每年計劃從農業抽出多少人來和每人給他裝配多少資本，才能決定每年所需要的資本數額。吳先生對轉業人數作兩個假定：一為每年六十萬人；一為一百二十萬人。這兩個似乎沒有什麼根據的假定相差竟達一倍以上。對於每一轉業者所需要的資本，吳先生根據美國每一就業人平均所利用的資本數額及中國目前每一就業人平均利用的資本估計作兩個假定（即四千六百美元及四十七美元），這兩個假定相差幾達百倍。以上四個假定組合起來我們可以得四個答案。但是這些答案究竟有什麼意義呢？我們果真必需每年使六十萬人或一百二十萬人由農業轉至工業嗎？轉業的人果真每人必需四十七美元或四千六百美元的資本嗎？尤其成為問題的是以後每年轉業的人數和每一轉業人所需要的資本仍舊應該繼續不變嗎？這是我們讀後不由而發生的疑問。據我個人的看法，這幾個問題的答案都應該是否定的。

根據經濟學原則，資本與勞工的最適當的配合比率應該使資本及勞工之邊際生產力的比率恰好等於資本及勞工之使使用價格（即利息與工資）之比率。（參閱本刊第四期劉大中著〈社會主義下的生產政策〉）。以中國這樣缺乏資本而擁有過剩的勞工供給的國家，在開始工業化的時候自然應該儘量的節省稀少而成本高的資本，而充分利用豐富而低廉的勞工。否則儘管從技術方面看效率較高（每一工人之產量較大），但是用經濟的眼光來看仍是不經濟不合算的。所以在工業化開始的時候就要使每一工人有美國工人平均所利用的資本數量是非常不合理。美國的生產事業何以如此的高資度本化，是因為資本的供給經過多年的日積月累已經非常的豐富而勞工則感覺相對的缺乏，所以必需而且可能多方以資本代替勞工。中國的情形恰好相反。如果資本還沒有蓄積起來，就算採用美國的高度資本化的生產方法，豈不等於捨低廉的生產因素而代以稀貴的生產因素嗎？所以中國工業化的步驟應該是隨資本之蓄積而逐漸提高各種產業中（包括農業）每一工人所利用的資本數額。不應一步登天似的使少數的工人先有與美國工人相等的資本設備，而使大多數的工人仍舊輾轉於幾乎沒有資本協助的原始生產方式之下。

在工業化的初期採取比較節省資本的生產方式，還有一種意義，就是在高度資本化的生產方式下，資本之週轉率較小，投資變成為成品平均所需要的時間較長。因為在高度資本化生產之下，資本大半投在經久的固定資本設備上和生產這些設備的設備上面。所以總資本額對每年成品產量的比率很大，也就是說在高度資本化的生產上的投資對於每年製成品產量增加的貢獻率較小。反是，資本化程度較低的生產中，資本之週轉率較大，亦即投資變成為成品的速率較大。所以中國的工業化如果要求其有迅速提高全國的生產水準及人民的生活程度的效果，也應當採取資本化程度較低的生產方式，同時應首先著重於消費品及接近消費品之工業的建設，不應好高鶩遠的先將目前可以應用的少額資本大部分都傾注在需要大量的資本的，而距離消費品生產很遠的工業上面，除非從國防的觀點著眼我們有此必要。質言之在工業化的初期我們寧願向外國購買紡織來開設紡織廠，不必自己大規模設廠製造紡織機；寧肯向外國購買機車開闢交通，不必自己設廠製造機車等等。這樣，同一數額的投資可以對全國的生產總額及人民的生活水準有較大的裨益。全國的總生產既然可以提高得快一點，那麼以後的工業化需要的資本也就比較容易在國內募集了。

信筆寫來似乎多少超越了此評景超先生的估計方法的範圍，但是以上議論明白的指出我們是無法武斷的決定每一轉業工人所需要配合的資本數額的。至於每年轉業的人數也是無從武斷的預定的。我們必需先知道我們每年能供給多少資本，方能決定我們究竟能夠採取何種的工業化計劃及每年應轉業的人數。所以我們覺得先估計工業化資本之需要而後估計資本之供給，似乎有「將車架在馬前」之嫌。

吳先生估計我國可能供給的建設資本約十八億元（戰前幣值）。但是吳先生對這估計還不十分滿意。我一時也提不出更精確的數字來，但是願提意出一個估計方法來和吳先生及其他同道來共同商榷。我覺得我國可能供給的用於建設的資本可以下列恆等式推算出來：

全國總生產（即國內原則的國民所得）＝國內總消費＋國內總投資＋輸出－輸入

國內投資＝全國生產－國內消費＋（輸入－輸出）

從這個等式看來，我們可以知道我國每年可能用於建設的資本，等於我國在充分就業下可能達到的最高的全國淨生產總額減去全國人民（包括經常住在中國的外僑）所必需的消費，再加上我國可能維持的國際貿易上商品勞務的入超。

據巫寶三先生的統計，我國生產總額減去國內消費恐怕不能有多少的剩餘。以一九三六而論，全國生產所得（即國內淨生產）約為二百五十七億元，而同年國內消費達二百五十三億元，相差僅四億元（都以一九三六的物價作標準）。一九三六是戰前很繁榮的一年尚且如此，在其他生產較低的幾年（一九三一至三五之五年間）全國生產與消費之差竟沒有一年不是負數的。經過長年的抗戰與內亂之後，全國生產恐怕絕對不能達到一九三六年的水準。所以即令一九三六的消費數字還可以減削，這方面的希望實在微弱極了。我們在前面所以主張在工業化的初期，投資應求其有速效（即採取資本深度較低的生產方法），就是為著要想早一點使生產水準提高，使生產減去消費的餘額能早日增加，或者至少使生產與消費間的虧缺能早日消滅的緣故。

至於商品及勞務的入超要靠什麼來維持呢？我們只要畫一個國際收入平衡表將所有的國際收支項目都列入，就可以知道入超需要那些項目來維持了。

國際收支對照表

收入	支出
所得項目	
1.商品勞務之輸出	1.商品勞務之輸入
2.外國旅客及政府在中國之支出	2.中國旅客及政府在外國之支出
3.華僑對國內匯款	3.外僑對國外匯款
4.中國在外國投資之利息及利潤（包括外國政公債利息）	4.外國在華之投資之利息及利潤（包括外債利息）
5.其他（如外國對華各種捐款等等。）	5.其他

收入	支出
所得項目	
6.外國對中國之新長期投資，或中國在外國之投資之回調	6.中國對外國之新長期投資或外國在華投資之回調
7.外國在中國之存款及短期票據之增加，或中國在外國之存款及票據減少	7.中國在外國之存放及短期票據之增加，或外國在中國之存款及票據之減少。
8.外國對中國之賠款	8.中國對外國之賠款
9.金銀之輸出	9.金銀之輸入
10.紙幣之輸出	10.紙幣之輸入
11.其他	11.其他

這表的收支兩方必然是平衡的。所以商品的入超必需有其他項目上的收入超過支出來彌補的。可是其他的所得項目下恐怕難望有很大的盈餘，其中最重要的一項即僑匯現在也大非昔比了。所以大規模的商品勞務的入超還得靠各項資本項目來維持了。

資本項目中最主要的收入自然還是靠外國的投資，但是我們不可忘記中國在外國擁有相當數額的資產。據魏德邁將軍的談話僅在美國者已不下十五億美元。這些資產假使能使它向國內移轉也可以成為我國工業化的資本來源之一。還有日本對俄國的賠款也是不可遺忘的一項。最後我不可忘記現在我國民間藏有相當數額的美鈔和港幣。這些外鈔是被人民寶藏著作為價值貯藏的工具的。一待國內經濟、政治都穩定下來，人民就不需要用外鈔來做儲蓄的工具了。那時外鈔自然會流回外國，也可以成為入超的一種抵補。

以上我只不過提出一個估計的方法而已。因為手頭資料缺乏，無法作一嚴密的量的估計。不過資本的供給確是我國工業化的關鍵問題。既然已經有景超先生出來倡導，我想我們社會經濟研究的同人應該大家合力做一個精確可靠的估計。

(丙) 總答覆

吳景超

(一)

我寫了〈中國工業化的資本問題〉之後，送給好些朋友去看，請他們批評，蒙丁忱、谷春帆、江馥蓀、劉大中、蔣碩傑諸位先生，供給我許多寶貴的意見，非常感謝。

（二）

這一次的討論，得到一個最重要的結論，就是估計中國能夠供給多少建設的資本，須採用嚴密的方法。

在這一點上，劉、蔣二先生貢獻的意見尤多，我對於他們的見解，完全同意。不過有方法而無統計資料，還是產生不出答案。因此，我們希望以後政府及民間的研究機關，對於有關資料的搜集、整理及公布，應該多花一點精力。假如對此問題有興趣的人，都能朝這一個方向共同努力，也許不久的將來，我們便可對於中國的資本形成，作一可靠的估計。

我對於戰前國內資本形成的估計，就是因為國內可用的資料有限，所以不能照劉、蔣二先生所提出的方法進行。而且戰時後方所能參考的書籍無多，所以估計方法所根據的理論，也有欠缺的地方，不過汪馥蓀先生所批評的一點，我想還要聲辯。汪先生以為政府建設經費，已經包括在人民的儲蓄之內，此點我不同意。汪先生是研究全國收益的專家，我願意提出下面一個假設的全國收益內容分析表，來討論這一點：

1.	全國生產總值	180
2.	除去折舊等支出	10
3..	全國生產淨值	170
4.	除去商業賦稅	15
5.	全國收益	155
6.	除去企業儲蓄	5
7.	私人所得	150
8.	除去私人賦稅	15
9.	私人可以利用的所得	135
10.	除去私人儲蓄	15
11.	私人消費	120

上面這表內，第四項及第八項，為政府的收入。政府在這些收入中，在理論上講，是可以提出一部份來，作為投資之用，而成為公有資本的。假如他這樣做，那麼公有資本的形成，並不與第六項及第十項的企業及私人儲蓄重複。假如政府從第四及第八的收入中，以之支付平常開支及投資，還感不足，而以嚴行公債的方法來彌補，然後我們才應由第六及第十兩項中，減去公債發

行的數目。除非公債把這兩項儲蓄，完全吃去，我們決不能說，政府的建設資本，已包括在人民的儲蓄之中。

（三）

關於資本的供給方面，丁忱先生以為銀行信用的擴張，也應列為重要來源之一，劉大中先生對於此點，更有發揮。在中國沒有達到充份就業時這當然是一個可以利用的方法。丁先生又提到鄉村中地主的窖藏，可加利用。我在一九四二年，寫那篇〈經濟建設與國內資金〉時，也曾提到「許多鄉下地主豪紳，其剩餘資金，並未存入銀行」，因此我在另外一篇文章，曾提議「在各縣各鄉，都設立銀行的機構，使一切節衣縮食的人，都能把他做盈餘，存入銀行之內，只有在這種金融網完成狀態之下，全國人民的剩餘資本，才能全體動員，用於生產事業之上，否則有一部分資本，一定會凍結在老百姓的箱裡或地下，對於國家的建設，是一嚴重的損失。」（拙著《中國經濟建之路》頁九五）。谷春帆先生說「假使真有儲蓄，倒也不必定要存入銀行，方能作為工建資金」，也許他忽略了在中國儲蓄可以變為窖藏的一項重要事實。除了鄉下人的窖藏之外，蔣碩傑先生又提到「我國民間藏有相當數額的美鈔和港幣。」這種城裡人的窖藏，誠如蔣先生所說，只要國內經濟、政治都穩定下來，是可以變為建設的資本，用以成為入超的一種抵補的。此外，谷、蔣、劉三位先生，都指出中國逃亡在外的資本，如加以利用，也可成為我國工業化的資本來源之一。谷、蔣二先生都提到此項資本的數目字，但因為根據不同，所以相差很大（二億二千萬與十五億）。不管實際數字如何，這是一筆可以利用的資本，自無疑義，問題是在用什麼方法，可以使這些逃避資本，重返祖國，這是一個實際的問題，值得仔細研究的。

（四）

關於資本的需要方面，我所供給的數目字，只是表示用各種方法所能得到的數字。數字的本身，只是一種參考，一種尺度，並不代表客觀的需要，也不代表主觀的企求。特別是我根據轉業人數及每人所需資本數目而得到的幾套數目字，只是表示「取法乎上」與「取法乎下」兩個極端的情形之下，我們對於資本的要求。至於將來真正建設的時候，對於資本的需要，大約是一個政權的意志的表示，與我那幾套數目字，也許根本無關。不過私人的猜度，以為任何政權的決定，總會落在那最高與、最低數字二者之中的任何一點。

（五）

劉大中與蔣碩傑先生，對於中國工業化的過程中，應當注重輕工業抑重工業，都有詳細的討論。他們的意見是一樣的，就是中國應當先發展消費品工業，也就是一般人所謂的輕工業。從提高人民生活程度的立場去看，還是無可非議的。中國過去對於這個問題的討論，在抗戰以前是一個階段，那時大家都注意於人民生活程度的提高，而且實際也是朝消費工業方面發展。抗戰發生之後，大家的觀點都有改變，再加以俄、德二國昭示的榜樣，抗戰所加於我們身上的痛苦經驗，使得大家都覺得國防沒有鞏固之前，人民的生活是無保障的，因此一般的見解，認為中國應當先發展重工業，雖節衣縮食，亦所願為。抗戰勝利以後，這個問題似乎已在論壇上退隱，不成為注意及討論的焦點了。我很高興劉、蔣二先生不約而同的提出這個問題來，希望以後可以有再加討論的機會。

（六）

最後我要補充一點，就是關於資本的需要，並不限於生產工具一方面。生產工具的加增與改良，誠然可以提高我們的生產力，因而這一方面資本的形成，是必需的。可是另一方面，生產工具，必須有生產經驗及勞動技術的人去使用他，才可以發揮效力。有了火車頭而沒有開火車的技工，有了煉鐵爐而沒有煉鐵經驗的工程師，結果生產還是無法進行，在工業化的過程中，對於人材的培植，是必需的，因此而加增的投資，也是必需的。生產工具，是我們有形的資本，而經驗技術，則是我們無形的資本，但是這種無形的資本，也須花去有形的金錢，才可以產生出來。這一筆資本的籌措，是在任何工業化的計劃中所不能忽略的。

（原刊《新路》第一卷第七期）

家庭與個人職業

（一）

顧勒教授（Charles H. Cooley）曾指出現代社會與古代社會，如封建社會等不同之一點，就是古代社會中，職業的分配，係遵照世襲原則，而在現代社會中，職業的分配，則遵照競爭原則。無論從社會方面看，或個人方面看，競爭原則，勝於世襲原則，是無可懷疑的。在世襲原則之下，士之子恆為士，農之子恆為農，工之子恆為工，商之子恆為商。假如職業的技能，是可以遺傳的，那麼子代父職，是最合乎理想了。但是近代的科學，已經證明，從文化裡面得到的一切，乃是後天的，是不能遺傳的。因此，士的兒子，並不一定適宜擔任士的職務，但在世襲的原則之下，這種個人與職業不相稱的事實，是必然會發生的。發生之後，在社會是減低了工作效率，在個人則深感環境束縛的痛苦。在競爭的原則之下，每一個人所擔任的工作，並不就是他父親所做的事，而是他自己所能夠做，所願意做的事。所以在這種原則之下，每每可以達到人地相宜，或人稱其職，職得其人的境界。

可是，在現代社會裡，職業的分配，是否完全應用競爭原則呢？上面所說人地相宜的境界，是否已經實現了呢？

凡是讀過索羅金（Pitirim Sorokin）的《社會流動》（Social Mobility）一書的人，對於上面的問題，都會給一個否定的答案。在工業的社會中，在民主的社會中，雖然一切都講競爭，一切都講平等，但這是表面的。我們如作一深刻的觀察，就可知道，一個人在社會中的職業，大部份還是由家庭決定的。父親在上層的職業中謀生，兒子每每能夠也能立足上層；父親在下層的職業中謀生，兒子每每只能在下層的職業中謀一枝棲。當然，現在的社會，已非封建社會可比，我們舉目以觀，不是看不見由上層跌下來，或從下層爬上去的例子。但這些例子，不幸都是例外。從大多數人的立場上去看，一個人的職業，還是決定於其家庭在社會中的地位。

（二）

造成這種現象的主要原因，就是社會中每一個人的教育，一向是由家庭擔負的，現在雖然略有變更，但家庭還負一部份的責任。職業與教育的關係，是極密切的。簡單的說，凡越是上層的職業，其所需的教育程度愈高，越是下層的職業，其所需的教育程度也愈低。一個生在下層家庭中的子女，也許天資卓越，可以受高級教育，也許受了高級教育之後，便可在上層職業中謀生，但因他的父親，經濟困難，沒有力量給子女受高等教育的機會，只讓他在初級學校中，混了幾年，便打發他到社會中去謀生了。這個天資雖然高超的子女，因為所受的教育太少，不能擔任上層職業的工作，結果只能停留在下層職業之中，這是聰明的子女，無法跨竄的癥結所在。

很多的人，早就看清楚這一點，認為這是近代階級問題中一個中心的問題。韋伯爾（Max Weber）曾說過，凡是同一階級的人，他的生活機會是一樣的。社會上有好幾層階級，是因為同屬一層的人，其生活中的機會相同。任何階級生活機會，都較差於上層，而較優於下層。教育機會，是生活中各種機會最重要的一種。我們如想消滅現在階級中所蘊釀著的那一股不平之氣，必須想法使各階級的生活機會平等，而教育機會平等，乃是最應提前促其實現的。

所謂教育機會平等，就是社會中每一個人，不問他的出身，只要他的天賦及訓練的結果，能夠接受某種程度的教育，就要讓他得到這種教育。這並不是說，社會中每一個人，都要受大學教育。大學教育，乃是為天資較高，智慧商數超過某種限度的人而設的。我們雖然不主張把大學教育，施於那些沒有能力接受的人，但是凡有能力接受的人，就要讓他得到。這個理想，現在還沒有一個社會達到，但已有好些社會，朝著這個理想邁進。

我們願意先看一下在這條路上已經走過的成績。

（三）

遠在一七一七年，普魯士的腓烈德大帝（Frederick the Great）就規定了強迫教育律。這個法律，在一七三六年曾加修正，規定無論男女，自五歲起，至十四歲止，都應當在學校中受教育。這個辦法，後來便為各國所仿傚，在十九世紀的末年，歐美各國，都有這種強迫教育的法律了。這些法律，對於入校及離校年齡的規定，各有不同。如英國，在工黨登臺以前，規定入校的年齡為五歲，離校的年齡為十四歲。工黨上台之後，把離校的年齡，延長至十五歲，最後還要延長到十六歲，美國各州的法律不同，其中規定在十四歲可以離校的有五州，十五歲可以離校的有三十一州，十七歲可以離校的有六州，十八歲可以離校的有五州。強迫教育，延長到十八歲，在歐洲是沒有的，歐洲大陸各國對於離校的年齡，多規定在十四歲。

在實施強迫教育之前，對於子女教育的責任，完全放在家庭的肩膀上。那些經濟力量低微，出不起束修的家庭，只有讓子女失學，或者送子女去當學徒，以子女的勞動力，去換取謀生的一點技能。這些失學或當學徒的青年，因為所受教育不足，大部份是註定在社會中擔任下層職業的工作了。強迫教育的意義，從那些窮苦家庭的立場上去看，是不必出學費，也可以讓子女讀書，是由社會來分擔那傳統屬於家庭的一個責任。這種分擔責任的辦法，無疑的減少了家庭在社會制度中的重要性，但為個人的發展著想，家庭既然不能盡善盡美的完成他的教育功能，則社會的越俎代庖，實為必然的歸宿。

那些窮苦家庭中的子女，在強迫教育律之下，可以與別種家庭中的子女受同樣的教育了，但這一種法律，還沒有解決這些窮苦兒女的一切困難。一個受教育的人，其先決條件是要生活上不發生困難，是要衣食住都有著落特別是吃的問題。沒有飯吃的人，是無法坐在課堂中上課的。窮苦的家庭，固然沒有錢作子女的學費，有時也沒有錢來付子女的膳費。為著要解決自己吃飯的問題，於是有好些窮苦家庭為子女，在放學回家之後，還要去做一點零工，以為糊口之計。有時課餘的工作，並不足以糊口，結果只好逃學或廢學了，這雖然是犯法的，但吃飯是一件大事，在好些人的眼中，是比守法還更重要的。

所以，專靠強迫教育的法律，並不能使所有兒童都能受到教育。為解決這個困難起見，家庭津貼的制度，便應運而生。發明家庭津貼制度的人，其用意也許不在解決窮苦家庭中的子女就學問題，但實行這個制度之後，窮苦兒女在讀書的時候，吃飯問題無疑的得到很大的幫助。這個制度，於一八六〇年在法國開始試辦，現在有好些國家，如蘇聯、如英國，都已採用了這個制度，其中英國的辦法，比較晚出，但也比較徹底。英國的家庭津貼律，是一九四五年通過的，一九四六年起開始實行。凡是英國的家庭，自生第二個子女起，便可每星期領取津貼五先令。此項津貼，一直可以領取到十六歲，也就是領取到離校的年齡為止。據估計，英國領取這種津貼的家庭，凡二百六十萬家；可以領取津貼的兒童，約四百五十萬人。

有了家庭津貼的制度，窮苦家庭中的子女，才比較的可以安心在學校中讀書，而不為衣食問題操心。每星期五先令的收入，也許不能解決一個人的衣食問題，但在窮苦的家庭中，這是一個很大的幫助。以前，做父母的，要完全擔負撫養子女的責任，現在這一方面的責任，也由社會來分去一部份了。社會所以不能整個的把這個責任擔負起來的原因，當然是由於社會的生產力，還未發達到一個程度，使它有能力來挑這個重擔子。但是社會代替家庭撫養子女的工作，已經開始了。一經開始之後，將來就不免會有一天，社會覺得自己的精力飽滿，便把這個責任整個的擔負起來。這當然又要減低家庭在社會制度中的重要性，但從個人發展及福利的立場去看，這是一種收獲，而非一種損失。

（四）

過去一二百年，先進的國家中，對於達到教育機會平等的努力，已如上述。如以我們的理想為標準，這種努力還是不夠的。

英國在工黨沒有改革學制以前，兒童在小學畢業，進入中學的，據湯納（P. H. Tawney）教授的估計，只佔七分之一。在有些窮困的地區，只佔十分之一。四分之三的兒童，在達到離校年齡的時候——十四歲——便都加入社會謀生去了。在美國，五歲至十四歲的兒童，有百分之九十四在學校中讀書。十五至十八歲的青年，便只有百之七十二在學校中讀書。這當然是強迫教育律所造成的成績。可是十九歲至二十二歲的青年，便只有百分之十六在校讀書了。在一個最富裕的國家中，十九歲以上的青年，大多數還是為生活所迫，不得不離開學校，去謀職業了。

在這種情形之下，那些過了離校的年齡，而還留在學校中讀書研究的，一定是那些出身於上層家庭中的子女。他們的經濟能力雄厚，可以供給子女在高級學校中讀書，可以讓子女得到最高深的教育，因而在畢業之後，可以得到報酬豐厚、地位崇高的職業。那些在十四歲或十六歲便要離開學校的窮苦兒女，是無法與這些上層家庭中的兒女競爭的。

如想消滅這種不平等的現象，只有在各級學校中實行公費制度，才可達到。入學是要經過考試的，只有具某種資質的人，才能允許他受某種教育。但是考取入學之後，不但不要交費，如歐美各國的小學中學中所實行的；不但可以領用書籍，如美國的中學中所實行的；不但免費供給牛奶一杯或免費午餐，如英國在有些小學中所實行的；還要在這一切之外，由國家供給生活上的一切基本需要，如蘇聯在一些職業學校中所實行的。人雖然出生於家庭，但如社會把撫養與教育的責任，還是付給家庭，那麼教育的機會，是無法平等的，因而選擇職業的機會，也隨著而無法平等。只有社會把這個傳統由家庭擔負的撫養與教育子女的功能，完全由家庭的手中取出來，放在自己的肩膀上，然後每一個人受教育的機會，方可平等，因此選擇職業的機會，也隨著而趨於平等。

隨著社會上生產力的進展，這一天遲早總會來到的。到那時，每一個人潛在的能力，都可以得到最大的發展，職業的分配，才真能夠照著競爭的原則進行，世襲的原則，必然會變成歷史上的陳跡了。

（原刊《新路》第一卷第十三期）

私有財產與公有財產
——美蘇經濟制度述評之一

（一）

我們假如想在美國與蘇聯的經濟制度中，找出最不相同的一點，大多數的人，一定會指出：在美國，財產是私有的，而在蘇聯，財產是公有的。對於一般人，這種模糊的分別，也許就夠了，但是對於研究經濟制度的人，關於這一點差異，我們還得進一步的分析。首先，我們就要把財產分為生產工具與消費資料兩種。生產工具，在美國可以私有，而在蘇聯則為公有。消費資料，在兩個國家中，都是可以私有的。在生產工具公有的蘇聯，唯一的例外，就是農民在參加集體農場工作之外，還可有一塊自耕的土地。在這塊土地上面，他可隨便種植什麼東西。生產出來的成品，他可以送到集體農民市場上去出售。除了這個顯著的例外——這也許是過渡時代的情形——其餘的生產工具都為公有。其次，當私人的財產，還是以貨幣姿態出現的時候，他的出路，在美國與蘇聯是大有不同的。在蘇聯，當工作者接到他的薪資之後，也就是他的財產還是以貨幣的姿態出現的時候，他只能以貨幣去換取消費資料。只有少數的人，能夠在消費之後，還可以把他收入的一部份，存入儲蓄銀行，或購買公債，取得些微的利息。在美國，以貨幣的收入，去換取消費資料，當然也是很普通的現象，特別在勞工階級中，這種現象，尤為普遍。但如馬克斯在《資本論》中所分析的，貨幣的收入，在資本家的手中，便可換取生產工具及勞力，以從事於資本主義式的生產。在美國，生產工具及勞力都有市場的，私人可以在市場中購得生產工具及勞力。在蘇聯，生產工具是沒有市場的，私人不得購買生產工具。私人更不能僱用別人的勞動力。所以從財產的動態去觀察，私有與公有的差異，實在是深刻的，影響到生產，分配，消費等過程及人與人間的關係。

（二）

在私有財產的制度之下，每一種生產元素（土地、資本、勞力），都有一個價格，每種貨品及勞務，也都有一個價格。生產元素的價格，在美國的生產機構中，其重要實無與倫比，因為他決定了利用的途徑。譬如某個地方，有一塊土地。這是生產元素之一，到底應當如何利用呢？誰來決定利用的途徑呢？假如土地只有一種用途，假如在某種社會裏，土地只許有一種用途，那麼我上面所提出的問題是不會發生的。可是土地的用途，實在是不只一端的。只以農業的用途而論，它可以用於種草養牛，也可以用來種麥種稻，以及其他各種人用的農產品。同時，這塊土地，也可拿來作為住宅之用，作為工業之用，作為商業之用，作為娛樂之用，以及其他一切之用。解決這塊土地的用途，在美國是不難的，誰能付出最高的地租，誰就取得這塊地的使用權。譬如今有甲、乙、丙三人在此，甲擬將這塊土地種麥，他願意每年付十塊錢的地租，乙擬將這塊地蓋房子，他願意出每年百元的地租；丙擬將這塊地開百貨店，他願意出每年千元的地租。假如只有這三個人競爭，結果這塊地一定是用於開百貨商店。在這種情形之下，土地得到最適宜的利用，因為他在這三個可能之中，是利用在產生最大價值的可能。

私人把握著生產元素，然後看誰能出最高的價格，便交給誰去利用，在完全競爭的狀態之下，各種生產元素每能得到最合理的安排，產生最大的效用。這種理想的境地，在美國的經濟組織中，是沒有達到的。其所以沒有達到的原因，主要的是由於美國經濟的現實，與合理安排發生衝突。在美國的經濟組織中，有許多企業範圍，採用了大規模的生產方法，少數生產單位，其生產的成品，常佔此項企業中生產總值一個很大的百分數；又有許多企業，是天然只能允許一個或極少數的單位來經營的（如各種公用企業）；又有許多產品，實質雖然相同，名目則不一致，人民因此並不把他們看成一種物品，因而任何一種商標物品的產商，多少有左右他們的主顧的消費支出的能力。這些都是獨佔企業和半獨佔企業存在的主要原因，而在帶有獨佔性的企業裏，生產元素的分配，是不能完全合理的。其次，人民收入的不平等，使富人對於他們所喜用物品的價格，有特別的提高能力，因為能使生產元素大量的被用去生產這些物品。在財富過度不均的狀態下，以價格為標準的分配辦法，往往產生不公平的結果。

在我們理想的社會主義中，生產元素雖然不為私有，但每一生產元素，還可讓供求力量產生一個價格，然後讓一切生產事業，能夠付出這個價格的，便得到利用這個生產元素的權利與機會。可是蘇聯對於生產元素的分配，並不是根據於價格機構，而是根據於一個經濟計劃。在美國，生產元素的價格，如地租、利息、工資，成為分配生產元素的指南針。這些生產元素是有限的，而想利用這些生產元素的個人或企業則很多。在取捨的時候，在迎此拒彼的時候，生產元素的價格，完成了分配的功能。在分配這些生產元素的過程中，個人或企業，凡是想利用這些生產元素的人，其所出的代價，並不是盲目的、武斷的，感情用事的。相反的，他所出的代價，乃是很理性的，由於精密的計算而來。生產元素的價格，是企業家的擔負，是他的支出，而利用這些元素所生產的物資及勞務，在市場上所能得到的價格，則是企業家的收入。他權衡這兩種價格，覺得有利可圖，然後他才肯對對於生產元素，付出代價。這些價格的成在，是他的合理計算的基礎。沒有這個基礎，企業家的生產，是無法進行的。

在蘇聯，這個基礎是不存在的。我們並沒有理由相信在社會主義的經濟組織之下，這個基礎一定要毀滅、要消失。相反的，我們相信在社會主義之下，假如每一個生產元素，都有一個根據需求狀況而產生的價格，對於社會主義的經濟，將為一種極重要的貢獻。不管理論上的看法如何，實際的情形是，蘇聯並沒有依賴生產元素的價格，來作分配生產元素的根據。舉幾個例來說：蘇聯的土地是公有的，但在鄉村中，土地利用的方式，並不受地租的影響。蘇聯的政府，雖然每年向集體農場徵收實物，而且這種實物，雖然實際上包括了地租，但是以納稅的名義交給政府的。政府並沒有於事先規定，誰能出得起地租，誰就可以決定土地應當如何利用。土地上應當生產什麼農作物，乃是由計劃決定的。我們再以利息為例。蘇聯的銀行，對於生產單位的貸款，是要索取二厘至六厘的利息的。但是蘇聯的利息，並不發生分配資本的作用，只是生產者成本中的一筆開支。某項生產事業，假如其生產計劃，已為政府所規定，必然的可以在銀行中取得貸款的方便。銀行中的貸款，自然有他的一份。他所得到的一份，與他所能付出利息的大小無關。

我們還可以工資為例，蘇聯的工資，並不像美國的工資那樣有分配勞動力的功能。假如某項生產事業，其發展的計劃，已在政府的五年計劃之中，那麼這個事業所需工人的數目，也必然成為計劃的一部份。蘇聯每年在十四歲至十七歲的青年中，要訓練一百萬人，訓練出來的青年，由政府分配在各種生產事業中，目的就是想要使勞動力在某種企業中的供給，不為工資所左右，而完全受計劃的支配。

以上說明美、蘇兩國生產制度不同之點。美國是私有財產由私人支配，其支配的標準為價格機構。蘇聯是公有財產由政府支配，其支配的標準為經濟計劃。除了這兩種配搭之外，私有財產，也可由政府照經濟計劃支配，美國在戰爭期內所實行的，便是這種制度。唯公有財產由私人及公司照價格機構來支配，雖然在理論上是可行的，但實際還沒有這種例子。這幾種配合方法的利弊，不是在一篇文章內所能說得清楚的。可是這個問題，乃是經濟制度中最重要的一個問題，實在是值得仔細分析的。

（三）

美、蘇因為財產制度的不同，影響到生產的方式，已如上述。我們現在再換一個觀點，來看財產制度對於分配的影響。

很顯而易見的，是美國在私有財產制度之下，產生了兩種不同的收入，一為勞務的收入，一為財產的收入。美國人的勞務收入，兩端距離是不大的。譬如美國製造業中的工人，在一九四五年，平均每星期可得工資四十四元三角九分，假如他每年可以工作五十二星期，那麼他一年便可得工資二千三百零八元二角八分。在另外的一個極端，如共和鋼鐵公司的經理，每年的薪金為二十萬元。杜邦化學公司的經理，每年的薪金為十七萬五千元。在美國，高的收入，必須付出高的所得稅，杜邦化學公司的經理，在交納所得稅之後，收入便只有四萬捌千二百五十一元了。概括的說，美國人勞務的收入，兩端的距離，大約在二、三十倍之間。假如美國人只有勞務的收入，那麼美國的社會可以說是很平等的。但是美國的富人，還有財產的收入，那是造成鉅富的根本原因。美國人的收入，總數愈少的，其來源由於勞務的收入的百分數也愈高；總數愈大的，其來源由於勞務的收入的百分數也愈低。譬如收入在五千元以下的，其來源由於勞務的收入的，佔百分之八十五以上，但收入在一百萬元以上的，其來源由於勞務的收入的，只佔百分之一點零九。換句話說，那些收入在一百萬元以上的，財產的收入，要佔百分之九八點九一。以一百萬元的收入，來與二千元的收入相比，中間的距離，不是幾十倍，而是幾百倍了。

蘇聯的人民，不能私有生產工具，所以其收入多為勞務所得。唯一的例外，就是因購買公債或存款於儲蓄銀行而得到的利息。國營企業中，有計劃紅利的名目，但這種紅利，除一小部份作生產者的獎金及舉辦福和事業之外，其餘概歸國庫。我們在上面所提到的集體農場上的農民，每人可以經營一小塊田地，這種經營的結果，也許可以產生紅利。但是紅利與利息，在蘇聯人民的收入中，實在佔一個無關重要的地位。在蘇聯人民的收入中，佔重要地位的，只有薪資，即是勞務的收入。勞務的收入，各人是不同的。在一九三七年十一月，蘇聯政府曾有一道命令，規定最低工資，不得少於一百一十盧布。一九三八年的八月，又規定最高的薪水，不得超過每月二千盧布。根據這兩道命令，我們可以計算得出，蘇聯最高的薪水，超過最低的工資十八倍。可是蘇聯工廠的經理，雖然月薪不得超過二千盧布，假如他的成績卓異，可以領到額外的獎金。在一九四二年，有幾個成績特殊的經理，得到斯太林獎金，自五萬盧布至十五萬盧布不等。這種得到獎金的經理，假定他的年薪是二萬四千盧布，加上十五萬盧布的獎金，便可得到十七萬四千盧布。他的收入，比起那每年只得工資一千三百二十盧布的粗工，要大一百三十餘倍。

由此可見兩種財產制度，產生兩種不同的貧富距離。私有財產制度下所產生的貧富距離，其寬度遠非公有財產制度下所產生的所可比。

（四）

在兩種財產制度之下，資本形成的方式，也是不同的。美國的資本形成，大部份是由富人來負擔的。富人的收入，只有一部份是拿來消費，在鉅富的家庭中，消費的部份，可能是很小的一部份，而另外的一大部份，則是儲蓄起來的。無論舊生產事業的擴充，或新生產事業的開辦，都需要這種儲蓄起來的資本。有一個估計，指出在美國，那些收入在一千元以下的，儲蓄百分之三，納稅百分之三，而消費的支出，則達百分之九十四。那些收入在一百萬元以上的，儲蓄百分之七十七，納稅百分之十七，消費的支出，只佔百分之六。納稅的一部份，可能成為政府的新投資，而儲蓄的大部份，在充分就業的情形下，可能變為私人的新投資，所以美國的資本形成，大部份得力於富人的儲蓄。

在蘇聯，因為收入比較的平均，消費的傾向較大，所以私人的收入，除去購買公債及存入於儲蓄銀行的一小部份外，大部份都用在消費之上。而且在蘇聯的經濟制度之下，私人投資於生產事業，是不許的，因此私人的儲蓄，也少了一個重要的動機。在這種情形之下，資本的形成，不能依賴資本主義國家中的私人儲蓄方法，而採用了計劃的強迫儲蓄方法。這種計劃的強迫儲蓄方法，在實質方面，便是由政府分配一部份人力，配合一部份的資源，從事於生產工具的生產。在貨幣方面，便是由政府制定銷售稅，加在每種消費物資的上面，成為每種物品價格的一部份。每一個消費者，當他花一個盧布購買某項物品的時候，其中只有一部份是物品的成本，另外一部份便是銷售稅。銷售稅這一部份，等於政府加在消費者身上的強迫儲蓄。譬如在一九四〇年，糖的售價，為每公斤六點五盧布，其中五點二盧布為銷售稅。所以人民在消費每一公斤糖的時候，政府就強迫他儲蓄了五點二盧布。這樣強迫儲蓄起來的錢，轉到國庫以後，便可用以支付那些製造生產工具的人的工資。所以蘇聯資本形成的代價，是全國人民的降低生活程度。可是這種強迫儲蓄方法的效率卻是很高的。據估計，蘇聯在幾個五年計劃的時期內，人民的儲蓄，約等於全國收益的三分之一。這樣高程度的儲蓄，在美國的經濟史中，就從來沒有發生過。美國自一九二一年至一九四〇年的二十年間，全國的總投資，約等於生產總值的百分之八至百分之九。美國現在不需要高程度的儲蓄，那個時代在美國已經過去了。相反的，美國的經濟組織，現在卻為龐大的儲蓄所累。有儲蓄而無投資的機會，使得美國的資本家感到煩惱，使得整個的社會感到不安。

（五）

我個人的私見，以為蘇聯的經濟制度中，最大的問題，是生產元素的合理分配，而在美國的經濟制度中，最大的問題，乃是儲蓄與投資的如何平衡。蘇聯的生產因素，現在以一種不用價格作標準的經濟計劃來配合，是不合乎經濟原則的。它的缺點，現在並不暴露，主要的原因，就是蘇聯的經濟，現在是與外間隔絕的，因而外界的合理生產，無法打倒蘇聯的不合理生產。假如蘇聯所生產的貨品，在國外與國內，可以自由的與外國所生產的貨品相接觸，在價格上來爭一個優勝劣敗，那麼蘇聯的生產元素，因為分配是不遵照經濟原則的，其產品的價格，必無法與別人競爭而歸於淘汰。假如有這一天，其責任不能由公有財產制度擔負，因為根據許多經濟學者的意見，公有財產制度，仍可配合著自由競爭所產生的價格機構一同運用的。

在美國，儲蓄與投資的不平衡，是過去發生商業循環的主要原因，而這種現象，是要由私有財產制度負責的。私有財產制度，造成分配的不平等，已如上述。把握著財產所得的鉅富，其儲蓄傾向是很高的。儲蓄的款項，假如不用於投資上面，或借給別人用於消費及投資上面，其結果必然產生整個社會的收入與支出的不平衡，因而發生失業的結果。這種失業現象的產生，假如沒有政府於事先設法預防，乃是私有財產制度下必然的結果。正如凱因斯所指出的，在私有財產制度的國家，負責儲蓄的是一種人，負責投資的又是另一種人。兩種人各不相謀，而想他們的活動，自然的產生互相抵消或恰好相等的結果，乃是不可能的。如欲儲蓄與投資互相抵消，非由政府出而做一種補救的工作不可。一九四六年美國通過的就業法案，就是為做補救的工作而設的。政府於事先對於各方面的儲蓄與投資，都做一個估計，假如發現私人的力量，不能使儲蓄與投資相抵消時，政府即舉辦一些事業，來達到這兩方面的平衡。這種設施，是否可以避免美國未來大規模的失業，是可以注意的一個問題。在蘇聯，大規模的失業，是不會發生的。蘇聯的失業保險，在一九三〇年便取消了，因為蘇聯的政府，相信已無此必要。假如大規模的失業，是由於儲蓄與投資的不平衡，那麼蘇聯政府，造成這種平衡的辦法，較美國政府要容易得多。在蘇聯，一切的儲蓄，都集中於政府之手。這是政府的一筆收入。根據這筆收入，然後在支出方面，使其能與這筆收入相抵消，在計劃經濟之下，真是太容易的一件事。蘇聯的儲蓄，所以集中於政府的原因，與公有財產制度是相關的。

（六）

有人稱儲蓄為剩餘價值。假如我們把這個名詞所含的道德意味撇開，只看這種剩餘價值在某種社會中所產生的數量及其用途，乃是一種極其重要的工作。我們很可以說，一個社會裏的人民生活程度，就受這種剩餘價值的數量及其用途而定。我們現在可惜還沒有精密的統計，來比較美、蘇兩國剩餘價值的數量及其各種用途，但是大略的輪廓是可以看得出的。假如我們把一國的生產，分為人民消費及剩餘價值兩部份，那麼在目前，人民消費的部份，在總生產中的百分數，美國的高於蘇聯。剩餘價值在這兩個國家中產生的方法，是一樣的，即由於勞動者的所得，小於他所生產。由此而產生的剩餘，在美國歸於資本家，而在蘇聯則歸於政府。這種剩餘價值在總生產中所佔的百分數，當然會影響到目前人民的生活程度。譬如蘇聯假如降低強迫儲蓄的數量，也就是減少剩餘價值的吸取，目前（不談將來，那是另一個問題）蘇聯人民的生活程度，是可以提高的。但是對於人民生活程度更關重要的一點，就是剩餘價值的用途。在美國，這種剩餘價值到了資本家的手中，有一種浪費，是蘇聯所沒有的，即由於此種剩餘價值為私人所保有，社會上產生一種不勞而食的階級，及此種階級所過的奢侈生活。但在蘇聯，也有一種浪費，是美國所沒有的，即剩餘價值到了政府的手裏以後，政府以一部份來創立一種特務制度，來偵察人民的行動與言論。這一部份人，對於生產是無貢獻的，其數目是否超過了美國的不勞而食的階級，是一個有趣味的問題，但是我們手中所得的材料，還不能對此問題作一回答。這還是次要的問題。最重要的，還是看剩餘價值的總值內，除去浪費的一部份，其餘的部份——當然是較大的部份——是如何用法。假如這較大的部份，是用以發展生產事業，而這些生產事業，是與提高人民生活程度有關的，那麼剩餘價值，不問其最初是到什麼人手裏，最後還可發揮提高人民生活程度的功能。美國與蘇聯每年所產生的剩餘價值，大部份都是用於發展生產事業，可是所發展的事業，其內容是不相同的。其所以不相同，乃是由於在一個國家內，生產是照計劃進行，因此其發展的事業，決定於少數人的意志；而在另一個國家內，生產是照價格機構的指示進行的，因此其生產的內容，決定於消費者的偏好。後一種辦法，比較的能保障人民的生活程度，在我的心目中，是無可置疑的。但是後一種辦法，並不為財產的私有或公有所決定。在公有財產制度之下，生產依舊可以根據價格機構進行的。蘇聯的政府，所以不採取這種辦法，而要制定經濟計劃，來作生產的準則，那是因為當權的人，有一個超經濟的目標，要努力求其實現。這種超經濟的目標，便是不以提高人民生活程度為其主要工作的目標，是否可取，那是屬於政治的或道德的範圍，不是我們現在所要討論的了。

（原刊《新路》第一卷第十五期）

論經濟自由

——美蘇經濟制度述評之一

經濟自由這個名詞，在傳統的經濟學中，包括兩個概念，一為消費的自由，一為擇業的自由。自從羅斯福總統提出免於匱乏及免於恐懼的兩種自由以後，有一些人，以為這兩種自由，也應當包括在經濟自由的含義以內。我們的看法，與此不同。我們以為經濟自由一名詞，最好還是維持其傳統的含義。至於免於匱乏及免於恐懼的兩種自由，則應追於「社會安全」（Social Security）一個名詞的涵義之內。所以我們在這一篇文章裏，只討論消費的自由，及擇業的自由。

（一）

在美國與蘇聯，都曾經有一個時期，消費者無自由可言。這一個時期，便是定量分配時期。蘇聯在實行第一次五年計劃不久之後，便利用定量分配的方法，來控制人民的消費。這個辦法，到一九三五年取消。一九四一年蘇聯與德國間的戰爭爆發，定量分配制度，又重新樹立起來，到了一九四七年的十二月，在改革幣制的時候，才行取消。美國在第二次大戰的時候，對於若干物品，也實行配給制度，但其範圍不如蘇聯之廣，譬如麵包與牛奶，在美國始終可以自由購買的，沒有放在配給制度之內。

配給制度妨害人民消費自由的癥結，就是在配給制度之下，人民對於每種物品購買的數量，不是決定於自己的嗜好及購買方，而是由政府代為決定的。自決與被決，是消費自由有無的分界線。在普通的情形之下，每一個人，對於某一物品的需求，都有其適當的數量。這個適當的數量的滿足，是使人類感到生活舒適的最大因素。這個適當的數量，只有本人知道，別人如借箸代籌，總難恰到好處，因而總難使人滿意。所以配給制度，乃是一種不得已的辦法。任何政府，凡是顧到人民生活程度問題的，總不願剝削人民這種基本權利。如果取消配給制度，不發生別的重大社會問題，那麼任何政府，都會取消配給制度的。

在今日，蘇聯與美國，都已取消配給制度了，但是這兩國人民的消費自由，卻並不一致。造成這種不同的消費自由的主要原因，乃是因為蘇聯是實行計劃經濟的，而美國則否。計劃經濟限制人民消費自由，我可以舉美國第二次大戰時一個例子來說明。美國在參戰以後，可以說是實行計劃經濟的，國內大部份的生產能方，都用以生產作戰物資，同時有好些消費物資，則停止生產，汽車便是其中之一。美國在作戰的前夕，即一九四〇年，曾生產汽車四百四十餘萬部，可見人民對於汽車的需要。戰時充分就業的目的已達，人民的收入加增，對於汽車的需求更高，可是因為政府下令停止製造汽車，所以人民即使有購買汽車的願望，又有購買汽車的能力，也無法購到汽車。這是在計劃經濟之下，人民的消費自由，受到限制的例子。在計劃經濟之下，生產元素的分配，操在政府的手中，人民沒有方法，以其有效的需求（即有購買力作後盾的需求），來指揮生產元素的分配。可是戰爭一旦停止，政府的計劃經濟取消，消費者的主權重行抬頭，美國的生產元素，又重受消費者的支配，於是汽車又重行恢復過去的大量生產，以滿足人民的需要。

在蘇聯，配給制度取消之後，消費品的生產，還是在計劃經濟之下進行的。為滿足人民的需要，蘇聯的政府，對於消費品的生產，當然也有計劃。凡是在市場上出售的，都是計劃中要生產的。沒有包括在計劃中的物資，自然不會有人生產，也自然不會出現於蘇聯的市場，正如汽車不會出現於美國一九四二年的市場一樣。蘇聯消費者的自由，因此是有限制的，他只能在已經生產出來的物品之中，選擇其願意購買的。他的有效需求，不能指揮生產元素的分配。在美國，消費者的要求，假如得不到充分的滿足，自然會行使他的購買方，壓迫物價上漲。在物價上漲的狀況之下，自然有一些企業家，眼見有利可圖，便會配合一些生產元素，來從事於此種物品的生產。最後，大量的產品問世，儘可使消費者的要求得到滿足。所以實際上美國生產元素的配合及其移動，無形的，間接的，是受消費者指揮的。只有消費者能夠指揮生產元素的配合的時候，消費者的自由，才可以說是得到真正的滿足。

（二）

我們現在再討論經濟自由的另一方面，即擇業的自由。

在計劃經濟之下，每種重要物資的生產，已由計劃決定，則生產此種物資的勞力，勢非與之相符合不可，否則計劃即無由完成。我們因此可以想像，計劃經濟是無法容許擇業完全自由的，因為在完全擇業自由的狀態之下，每一實業，或某一工廠，所能得到的勞工，其數量決不能與計劃所必需的數目相吻合。我們再看事實，就可知道，蘇聯的實際就業情形，是在政府控制之下的。先說最上層的就業者，即大學畢業生。蘇聯的大學，是由各生產部門管轄的。每一生產部門所需的高級人材，由這一生產部門所管制的大學或高級專門學校供給。自一九三三年起，此種受過高級教育的畢業生，即由生產部指定其在某處工作，以五年為期，在五年之內，其行動須完全受生產部的指揮。派定工作之後，不去到差，或私自與生產機構商定工作，是犯法的，須受刑法的處分。自一九三八年起，此項畢業生，在畢業就六個月，便須與生產部主管人員面談，由主管人員計劃其工作性質及工作地點，每一生產部門，對於此項畢業生及其他專家，均有一記錄。生產部門的主管者，隨時可以知道某人工作的所在地，在必要的時候，加以適當的調動。其次，關於技工的訓練與就業，在一九四〇年以前，一部份在學校中訓練，一部份在工廠中訓練。

一九四〇年起，蘇聯新設立兩種學校，專門訓練技工，一種期限兩年，招收十四歲到十五歲的青年，另外一種，期限六個月，招收十六歲到十七歲的青年。蘇聯的政府，希望在這兩種職業學校中，每年能夠訓練出八十萬到一百萬的技工來，作為勞工的生力軍。為使學生的數目，易於招足起見，蘇聯一方面用利誘的方法，即到職業學校中受訓練的，不但不取學費，而且一切生活的需要，都由國家供給，可是在別的學校中上學的，得交相當數額的學費。在這種新的教育制度之下，那些出得起學費的，便送子弟入中學、大學，那些出不起學費的，只好進職業學校了。另外還有一種招生的方法，即指定集體農場保送，每一集體農場，人口滿一百人的，便要保送兩個青年到職業學校。在職業學校畢業之後，每一個畢業生，須在指定的地點工作四年。最後，關於粗工的募集，係由中央將全國的行政區域，分配與各生產部門，由其在指定的行政區域中招募。每每是某一行政區域，由某一部門利用，但也有一個行政區域，由兩三個生產部門同時利用的。在指定的區域內，生產部門可與集體農場商洽，由集體農場在某種工資之下，供給勞工若干名，期限至少是六個月或一年。從以上的辦法看來，蘇聯的人民，在他們第一次就業時，選擇的機會是很少的，與其說他們的職業是選定的，不如說他們的職業是派定的，就業之後，大學畢業生在前五年，職業學校的畢業生在前四年，也沒有隨意變動職業的權利，可是政府卻保留權利來調動他們。至於普通的粗工，那些初次離開鄉村到工廠中去作工的，對於有規律的生活自然不慣，所以蘇聯在五年計劃開始的時候，工人的流動率是非常之高的。一九三一年以後，政府規定工人及其家屬的食品配給證，由工廠發給。工人一旦離開工廠，其配給證即由工廠收回，同時取消他在工廠宿舍中的居住權。這種辦法，對於控制勞工，使其不輕易離職一點，發生很大的效用。自一九三八年起，又有兩種新的辦法，來限制工人的自由離職。一為工作證的發行，凡在工廠中工作的人，都應將工作證交與管理員，在離職的時候須由管理員將離職原因，載明於工作證之上。工人從甲廠取回此項工作證之後，方能在乙廠另謀一職，沒有工作證的工人，別的工廠不能僱用。第二種辦法，即將工人所享受的社會保險權利及假期權利，與其在一工廠中作工時間的長短發生聯繫。假如一個工人，在某一工廠中，繼續工作的時間很長，那麼他能得到的福利，也就較多。在這兩種辦法之中，工作證是限制工人選擇職業最厲害的工具。在這種辦法之下，一個工人，即使對於自己的職業不滿意，但是如得不到經理的允許，他是無法別謀生路的。

在美國，一個職業學校的畢業生或大學的畢業生，不一定就能找到工作。在不景氣的時期，像一九二九到一九三三年那幾年內，他的工作更無把握。可是他有好些就業的途徑，以及選擇這些途徑的自由，是蘇聯的人民所不及的。第一，他可請自己的親戚朋友幫忙，上層家庭的子弟，許多人利用這一途徑而得到第一個職業。其次，在美的一千二百萬個生產單位之中，其中用人在三百人以上的，在一萬五千單位以上。初出茅廬的人，可以自我介紹，向這些生產單位中求職業。這些大的生產單位，新陳代謝的過程是很快速的，一年總要添用許多新人，合格的人，自有被錄用的可能。第三，美國在聯邦政府與地方政府合作之下，在全國設立了四千五百個職業介紹所。這是美國的勞工市場，需要與供給的總匯。謀事的人，可以把他願意擔任的工作，告知職業介紹所，職業介紹所必盡他的能力，替謀事的人，尋覓一個適當的位置。在一九四七年，有一千一百五十萬人，委託職業介紹所謀事，其中有六百三十萬人，得到他們所願意做的工作。美國的工人，在就業以後，政府並沒有任何規定，防止他的轉業。他可以找報酬最高的地方去工作，一旦這種地方被他發現了，沒有人可以阻止他離開他的舊職，而去就他的新職

（三）

在擇業自由的一個觀念之內，還包含著創業的自由。擇業與創業，嚴格的說，是有顯著分別的。擇業的前提是社會上已有某種位置的存在，這些位置須要人來填補他，擇業便是根據自己的能力與興趣，在已有的位置中，選定一種而置身其中。創業的前提，是社會上還沒有創業理想中的那個位置，他以他自己的能力，或集合若干人的能力，創造出那個新的位置來，然後來佔據那個位置，從事於經濟的活動。創業的自由，在蘇聯與美國，都是在少數人的手中。但這少數人的數目，在兩個國家中，卻有大小的不同。在蘇聯，創業的自由，在國家經濟委員會的手裏，或者說得更具體一點，在政府及黨的少數大員的手中，他們在決定某項事業要擴張的時候，也就是行使創業自由的時候。普通的人民，是沒有創業自由的，因為既創一業，就得在此業中，放進資

本，放進勞力，而這兩種生產元素，都不在人民的掌握之中。

在美國，大事業的開創，非有大資本不可。所以創業的自由，似乎只有資本家能夠享受。這種看法，只有局部的真理。在某種情形之下，美國沒有資本的人，或者資本很少的人，也可以創業，這是因為美國的資本是私有的，在契約的條件之下，可以移轉歸他人使用。所以志在創業的人，如自己沒有資本，可以利用別人的資本。福德公司的創業者，在他三十歲的時候，月薪不過數十元，但他得到幾個朋友的協助，集合了幾萬元的資本，設立福德公司，現在已經是十億元以上的事業。至於志不在大，只想創立一種小規模的生產事業，以為獨立謀生之計，如辦農場，開雜貨店等事業，那是很多的人如果想辦是必然辦得到的。這種創業的自由，是獨立生活，脫人籬下的必須條件。它的存在，表示經濟權的不集中，是維持人民福利所不可少的。

（四）

根據以上的討論，我們可以得到一個結論，就是經濟自由的享受，美國人民大於蘇聯。這種情形，與財產的私有或公有的關係很少，而與計劃經濟的關係卻很大。我很相信，社會主義與經濟自由，根本上是不衝突的。假如社會主義放棄了計劃經濟，經濟自由便可恢復，正如資本主義或任何主義，一旦採用了計劃經濟，經濟自由必然喪失。漢姆教授（G. Halm）曾說過：「一方面照著計劃生產，一方面不許消費自由，是不可能的。計劃與自由選擇，不能並存。」也許有人覺得世間還有別的價值，在經濟自由之上，為實現此種價值，犧牲經濟自由，亦所不惜。在戰爭的時候，我們大家都有這種感覺。為著祖國的獨立與安全，經濟自由應當犧牲。但在太平的時候，經濟自由是否應當犧牲呢？蘇聯與美國，對於這個問題，顯然有了兩個不同的答案。

（一）論美蘇制度下之經濟自由

徐毓枬

吳先生在這篇文章中，引用許多事實及數字，我對於他引的這些事實，完全沒有下過工夫，所以討論祇能限於先驗的理論的範圍。

他說：定量分配時期沒有消費自由，這句話在一種意義上說，並不完全準確，例如英國在第二次大戰期間，實行肉類配給，祇規定每週肉類消費之值，而不規定肉之種類，消費者在限定價值以內，可以自由選擇牛羊或豬肉，又可自己選擇，要小量而美好者，或較大量而較次者。他也可以不吃通常所謂肉，而吃肝腦、內臟之類。又如衣服配給：也祇限定點數（Coupon），在總點數範圍以內，消費者可以自由選擇多添一件襯衫，一雙襪子，一條領帶，或放棄這些零星小物，添一件大蹩。根據吳先生自己的事實，蘇聯公民在政府已經生產出來的東西之中，還可以自由選擇，政府也沒有限定他某種東西一定祇能消費多少。

以上所說，祇是說明一點：任何名詞，在社會科學範圍以內者，都很難下一個唯一的意義毫不含混的定義。我們似乎不能說，在肉類以內選擇，在衣著類以內選擇，不能說不是一種消費自由。吳先生所謂消費自由，似乎應該定義的消費者有間接指揮資源使用途徑之自由。然而仔細一想，這個定義還是不行。例如衣著總額雖然有限制，但如果消費者多用毛織品，少用棉織品，無異指揮資源用於畜牧，而不用於農作。如果根據吳先生所說，蘇聯人民在已經生產出來的東西之中，還可自由選擇，則某種東西可以暢銷，頃刻售空，某種東西滯銷，堆存甚久，祇要政府是有效的，應該多產前者而少產後者，故蘇聯人民亦有間接指揮資源使用方法之權。如果蘇聯人民在事實上沒有這種權利，那不是制度本身問題，而是制度之效率問題——除非證明，某種制度一定缺乏效率。

吳先生又認為計劃經濟與消費自由衝突。這恐怕又得牽涉到定義問題。真正的計劃經濟是什麼？在承平時期而且一國之資本總量已經達到相當可觀程度時，那時應當依什麼來計劃？那時最佳的「計劃」，是否即是利用市場機構，由價格來決定資源使用？這些問題有趣，但與當前討論並無密切關係。據我想，據我了解，蘇聯在承平時期之所謂計劃經濟，實在祇是規定一個資本之累積速率（rate of Capital acoumulaton）而已。每年在充分就業之下生產出來的總所得，有幾分之幾，政府不讓人民消費，而作資本累積之用——即投資。如果這種瞭解是對的，我也想不出理由：為什麼在可以消費的這一部份所得之內，消費者沒有選擇自由。戰時和平時不同，在戰爭期間，時間因素非常重要，瞬刻之差，也許可以影響全局，故如果短期內缺鋼，則不僅新的汽車生產應該停止，舊有廢鐵如欄杆之類，在必要時亦應拆除。但平時不必如此迫切，如果有一樣重要原料，同為投資工業與消費工業所必需，則一方面不妨讓價格因素，限制消費需求，他方面再擴充該原料之產量，讓該原料足夠投資與消費二者之用。想像：如果美國在平時實行計劃經濟（我的定義，即規定一資本累積速率）。又設想需用鋼甚多，則在美國生產力情形之下，在承平時期，可以不必採取停止汽車生產這種嚴峻措施，一方面讓汽車價格提高，限制消費，他方面擴充鋼之產量，則據我想，不出二、三年，鋼之產量可以同時滿足汽車工業與投資工業之需要。在美國這種資源這種生產力之下，計劃經濟和消費自由，就可以消費的一部位所得而論，可以並不衝突。如果蘇聯不能辦到這點，這又不是計劃經濟本身問題，而是資源——包括水準甚高而未專業化的勞力（genralized labour）——及生產力問題。再強調說一次，並不是計劃經濟與消費自由本身衝突，而是某種國家之客觀環境，限制了消費自由。

定義答問一般人都會看作是腐迂問題，但是我們躲不了它。如果所謂消費自由，是指在限定了的消費總額之內，消費者之選擇自由，則計劃經濟可以與消費自由不悖，甚至我們可以使配給制度亦與消費自由不悖（例如我們祇限定消費價值，或允許配給票自由交換等）。就這種意義的消費自由而論，我認為吳先生沒有建立他的論證：蘇聯的消費自由少，美國的多——至少沒有能從制度本身來建立這個論點。

今試再換一個定義。所謂消費自由，是指如果消費者願意這樣做，他們可以把社會總所得（aggregate income），全部用之於消費。試就這個定義，比較美蘇二國之消費自由。

在這個定義之下，蘇聯顯看處於不利地位。它要實行計劃經濟（我的定義），因此不能讓消費者——即人民全體——把全部社會總所得消費掉，因此它或者把生產元素之價格定得低，其他物價定得高；或者把生產元素之報酬，封存一部份，迫令他們購買債券或儲入銀行，或其他方法，而在表面上，美國沒有這種種限制，但是我們是否可以由此推論，說美國有此種意義的消費自由呢？

今設在t_0時，消費者之消費傾向提高，擬以其全部所得，用之於消費。我們知道，消費增加，則投資之利潤增大，故投資亦有增加之趨勢。此時可分為兩種情形，第一，如果t_0時在充分就業狀態，當然不能消費與投資（以實物計算）二者同時增加，故美國亦無消費自由。第二，設t_0時不在充分就業狀態，有失業資源存在，則失業者可以就業，暫時使消費之增加與投資之增加不悖。今設在t_1時達到充份就業，則在t_1時，就t_0時消費者懸擬之目標而論（即把t_0時之全部總所得用掉），美國人有了消費自由，但設在t_1時，美國人仍想把t_1時之全部社會總所得消費掉，則又不可能。由此，美國人之所以有消費自由，乃是因為有失業之存在。而蘇聯之所以沒有，因為蘇聯在開始時即在充分就業狀態下。如此一說，美國在這方面不僅考不到好分數，反而不如蘇聯了。

祇有一種說法，可以挽救這種邏輯結論：投資者亦是消費者，如果投資者亦決定全部消費，則美國尚有消費自由。是的，但是除非美國經濟制度本身有大變，否則我們看不出為什麼投資者突然違反其利潤動機，在有利可圖之時而決定不投資。我們要強調，現在我限於制度本身問題。

由上所述，在消費自由方面，就制度本身而論，美國未必優於蘇聯。再看擇業自由與創業自由如何？

先論擇業自由。就吳先生文中看來，似乎蘇聯青年也還有擇業自由。在他畢業之前，他還有機會和負責人談話，不難想像他可以藉此機會，表示其志願。從先驗方面說，我們也想不出理由，為什麼負責人一定要違反其志願。

然而這點是小點，無足輕重。我們想像，如果蘇聯人如此說：職業之最大決定因素，乃是教育，在美國，教育機會是不平等的，沒有錢上學很難，故礦工之子大概仍是礦工，即使要在社會階梯上往上爬，也得費二、三代時間，而在蘇聯，教育機會是均等的，祇要有此智力才幹，礦工之子可以即刻躍昇幾級。故蘇聯之擇業自由，至少在縱的方面，要比美國大許多。即使在橫的方面——同一級勞力之各種不同行業——稍差，大概還抵得過吧？再說，同是小工，今天修路，明天墾地，有什麼可以選擇？我不知道吳先生如何回答這種說法？

再說創業自由。是否必須是私人為謀利而建立的事業，才算事業？如果（例如）受資源委員會之託，辦理一廠，他不算事業？如果後者也算事業，則問題不外：（一）在非謀利動機之下，一定辦不好。這不是自由問題，而是效率問題。（二）這種機會比在美國少。如果把小雜貨鋪也算在裏面，也許是如此；但如果算大企業，則在蘇聯之機會也許更多。因為第一，教育機會平等，容易取得創業之才能與智識；第二，資本是國家的，無須因籌募資本困難而不能創業。福德倒底是例外，倒底創福德公司容易呢？還是受國家之託，辦理一新廠容易呢？（當然假定創辦人之才智相同）。

無論從消費自由，擇業自由，與創業自由（吳先生所謂經濟自由）看，吳先生都沒有建立他的論點：美國比蘇聯好。回頭再把本文一看，我似乎為蘇聯辯護，或為蘇聯寫了一篇頌。為遽免此種誤解起見，我願意指出幾點：第一，我知道的事實太少，還沒有資格辯護或歌頌；第二，我僅從制度本身立論，至於實際行施時之結果如何，當然是另一問題，不過這應該稱為人謀不臧，或客觀環境欠缺；第三，我祇就經濟自由一點而論，沒有計及其他，當然評判一個制度之優劣，須從全面看。

我所寫的，也許祇是常識，時賢之不一面倒者，大概會說，在蘇聯，經濟民主多一些，在美國，政治民主多一些。不論這句話之正準含義是什麼，大概總會含有一些真理成份在內。如果有人說蘇聯在經濟上（就制度而論）也不行，我們大概得鄭重考慮，考驗。在這方面，吳先生是否證明得太多了？

最後還有一句話，比較美、蘇二國在目前之情況，評論其得失優劣，當然是有意義的一件事情，不過這種比較法，是否太於蘇聯不利？上面已經說過，在一種意義上的消費自由，蘇聯所以不如美國，因為前者在目前之生產能力及資源——尤其是人力資源——不如後者。如果我們承認，蘇聯之天然資源還可和美國相比，有成為目前美國之可能性，則蘇聯制度不行之有效證明，應該是：（一）在該制度下，永遠達不到目前美國情形，（二）該制度之進步速率，永遠趕不上美國，故將始終保持目前這段距離。捨此二者，僅說它目前不行，似乎對蘇同不公平。我們能夠因為目前一般英國上中階級人士之消費量（以實物計），還趕不上中國同一階級人士，而說英國經濟不行嗎？

（二）經濟自由、社會主義、和新投資的計劃

劉大中

景超先生這篇文章的中心思想，是下面這一段。他說：經濟自由「與財產的私有或公有的關係很少，而與計劃經濟的關係卻很大。……社會主義與經濟自由，根本上是不衝突的。假如社會主義放棄了計劃經濟，經濟自由便可恢復，正如資本主義或任何主義，一旦採用了計劃經濟，經

濟自由必然喪失。」

我們對於這個中心思想，頗有懷疑之處。景超先生這篇文章寫得過於簡單，對於他所用的幾個主要觀念，未曾詳加解釋；我們在討論懷疑之點以前，有按我們對於這篇文章的認識，先加以闡述的必要。

景超先生所謂的「計劃經濟」，當是指全面的計劃經濟而言（所有一切產品的數量和價格，都先由政府事先決定，然後按這個計劃去生產和配售），似乎絕不是指局部的計劃而言。局部的計劃，即在最資本主義化的近代國家中，也難完全避免；例如在美國，政府現在每年都有使全民就業的計劃，更不要說在社會主義的國家中了。

我們對景超先生所提出的下面這兩點意見，表示同意；但是對於與這兩點有極密切關係的另外兩點，覺得很難有一個確定的答案，因而覺得我們在第一段中所列的「中心思想」，頗有問題。

（甲）在實行全面的計劃經濟下，人民的消費自由、擇業自由、和創業自由將完全喪失（這三項自由，即景超先生所說的「經濟自由」）。

在「創業」自由內，應當把「擴業」自由包括進去。「擴業」指舊企業廠房器械的增加而言，與「創業」同為社會對於新投資的需要。在下面就要談到，新投資的決定是本問題困難之點的核心。

（乙）全面的計劃經濟，並不是社會主義制度所必須有的特徵。

景超先生並未解釋他所謂的社會主義是那一種，但是我們覺得社會主義最起碼要求，應是生產工具的公有；關於這一點，景超先生應無異義。在生產工具公有的社會主義下，全面的計劃經濟仍不是一個必須的特徵，這一點我們與景超先生同意。政府並無須制定一切物品的產量和價格。政府只須命任何企業的主持人：

（一）擴充產量至邊際成本與價格相等為止，（二）各生產因素的配合數量，必須使各該因素的邊際產率與其購價相等；同時，各種物品和生產因素的價格，應定於使供需相等的水準上。在這些條件之下，全民福利可達最高程度，全國資源的利用也就達到最合理想的境界。這一部份理論比較專門，讀者可參閱本週刊第三期蔣碩傑君〈經濟制度的選擇〉，和第四期筆者〈社會主義下的生產政策〉兩文。

從這兩點中，我們卻發現了兩項極根本的困難！

（一）生產工具在社會主義下既不能私有，人民當然不能用他們的儲蓄直接去購買生產工具（廠房器械）他們只可把儲蓄存到國家銀行內去；想要「創業」和「擴業」的人民，只可到國家銀行去借款，用以購買廠房器械。這些廠房器械，事實上仍為國家所有；所得利潤的一部份，須以利息的形式繳還國家，其餘的，如非購用原料和人工所須，仍須存入國家銀行，所有人不能自行用以購買廠房器械。這種辦法的結果是很簡單的：新投資的方向和數量，主要的將由國家決定。

從表面上看起來，國家只要按我們在上面（乙）項中提出的原則去執行，將利率定在能使新投資的需要與人民存款的數量相等的水準上，然後凡是能出這個利率的人，都可以把款借給他，用不著國家自己去決定某人應借多少。因此，人民「創業」和「擴業」的自由，仍然可不喪失。但是，事實上這是辦不到的。因為：一、借款是長期的事情，不像普通的物品和勞役的購買可以「錢貨兩交」；國家在考慮是否借款予某人和應借多少的時候，不能不考慮這筆借款在長期內的危險性（以後的利息是否能收得到，本錢是否能夠收回等）。在這種考慮下，人與人間的因素是不能避免的。二、人民存入的儲蓄數量，不一定正是維持經濟繁榮和全民就業所須的投資數量，有時過多，有時太少；政府將必須予以增減（這一點在資本主義下，也不能避免）。因為這兩個原故，在生產工具公有的社會主義下，人民「創業」和「擴業」的自由，將必受到限制；政府對於新投資這一項上，也必不能放棄全面計劃的責任。

（二）在生產工具公有的制度下，政府在任何企業中都有所有權，對於這些企業的人事方面，無論紙面上如何規定，事實上必多少有左右的能力，人民「就業」的自由，也必會受到限制。

在經濟組織發展到現時狀況的大前提下，生產工具的公有（至少是一大部份的公有），是達到合理的經濟「平等」所必要的條件。但是生產工具的公有，將必會限制經濟上的「自由」；

而經濟自由是政治自由的必要條件之一，也是我們所不能放棄的。政治和經濟學者的主要使命之一，是在這些矛盾之中，求得一個最好的折中辦法。景超先生這篇文章，並沒有能夠指出這個最好的折中之路。同時他的「中心思想」（見本討論文的第一段）也不見得完全能站得住，因為：經濟「自由」與財產的私有和公有頗有關係；在生產工具公有的制度下，經濟「自由」必多少要受限制；社會主義至少在新投資方面，不能放棄「計劃經濟」。

（三）經濟自由的名與實

趙守愚

比較美蘇經濟制度的理論探討，我偶爾聽到看到，每次總感覺有些不安，認為是否真個在比較，還是確實可以比較。美國的經濟制度，憑藉得天獨厚的天然資源，又有聰明進取的各種人口，經過三百年的洗鍊，各項企業正是一再的擴張後凝結，凝結後又擴張，到了本固枝榮，炯煊燦爛的地步，大行動和發展，已有定型，政府和人民都充分的堅強自信。反之蘇聯建制，僅僅三十年，前代封建愚貧，摧毀不暇，實行共產後，屢逢內戰和外力干涉，經過二次大戰，患難中雖為朋友，和平後又成寃家，他的主義既然冒犯天下的大不韙，無論其是否在他國內部挑撥離間，總是對於各國的既得利益的莫大威脅，而這些利益的代表，便是各國政府，因此蘇聯可以說直到如今，始終是在猜忌防禦的心境中，所以他的制度，需要隨時修正，以適應新起環境，假如世界真有和平共處的一日，蘇制是否仍如目前，頗成問題。我們以比較有定型的美制，和有游動性的蘇制，去截長比短，雖富有意義，其結論終究是試探性的。

景超先生的大文，便是此種比較的一面，其所提出的美、蘇制度中消費和擇業的自由問題，乃是個人主義和現行蘇聯式集體主義相互對照經濟活動的樞紐，最是基本之談。景超先生認為兩制對於此問題的中心區別，在於是否推行計劃經濟，既然生產有計劃，則消費自須控制，而擇業亦不容自由，前者因為生產因素有限制，所以生產亦有限制，因此消費不能聽其任意選擇品類和數量，後者生產既規定有數量目標，為達成此項目標，則從事生產的人員，自然須有嚴格的調度與數量管制，以免除阻礙生產的工人「瓶頸」問題。這些分析我們完全同意，凡是緬懷購買隨意的愉快，和作輟遷換的無礙，這些自由的喪失，確實為蘇制最惹人厭惡的重點。但是在美制下，消費和擇業真個能符合美人所標榜個人主義的理想麼？自從獨佔性和不完全競爭之生產集團逐漸擴大其範圍，和勞工組織日趨嚴密以後，消費和擇業都發生限制。以消費論，除生活必需品，消費者無用其精密的選擇而外，其稍涉競爭性可以大量生產可能加以控制的物品，消費人祇可就其已生產品類和數量去採購，或事先被生產者以有計劃的推銷技術如廣告播音等製造需要，待消費人自行入甕。前天友人談起「可口可樂」每杯售作美元五分，成本僅合一分，捐稅和意外消耗佔一分，而廣告費卻用去三分，這約略可見此項冷飲的大量銷售，由於消費人的意願，而意願的發生，大部乃為廣告所感召。又如影片，消費人僅可於看後批評，多少壞片，僅憑廣告，便可充分的製造需要，招徠顧客，這產人有計劃去影響消費，其中道理祇是誰能控制生產因素，誰便可按照計劃去生產和推銷，政府如此，私人集團亦如此，所謂消費人的自由意志，在高度資本化的國家內，同樣是有限制的。至於擇業，就多數人而論，以先有職業為上，中人之才，任何職業祇須有良好訓練，總可成為有用人材，祇是極少數天資卓越者，乃有職業和興趣問題，同時發生，於是有擇業的煩惱，感覺個人發展須知其前途有無障礙。並且職業的選擇，向來有天然和人為的故障，不能完全自由，天然的如天賦不同，才技意志自然差異，因此某種優厚高職，僅限於少數奇才異能，而多數則沈淪於貧苦低業，人為的如訓練的機會，轉業和遷徙的費用，就業消息的通塞，工會會員的有無限制等。初次就業，憑本能，盡人事，調換職業，便感覺阻礙重重，這些現象，七十年前早即有經濟學家名其為「無競爭性的勞工集團」以表示若干職業因才技和環境所囿，短期中甚至於世代都無法遷換，這些集團的存在，在若干國家甚為普通，美國號為新興邦國習俗專拘，比較輕微，亦是屢見不鮮的。（譬如紐約波士頓的財商集團，便有金融世家之稱，外人難得打進門閥。）

我們誠然和景超先生同樣的欣賞消費和擇業的自由，美制所由發生的若干矛盾，其程度強弱，見仁見智，頗可爭論的，我們祇是比較美蘇經濟制度中的理想境界，景超先生希望保存社會主義，而廢止計劃經濟，以求實現真正的消費和擇業的自由，而充分的發揮個人主義的真諦，我則以為這些自由，無論在美蘇，都有其限制，祇是在蘇聯，比較更為普遍，更為徹底。（徹底到某種程度致使蘇制在某些辦法上優於美國，譬如教育訓練機會之平等，真實人材更易脫穎而出。）至於說廢除計劃經濟，這恐怕有些不合時宜，計劃經濟在今日，不僅是辦法和制度，並且推進經濟生活的公認工具，在蘇聯由政府執行，普及整個經濟體系，在美國由個別企業執行，因互不相謀，往往此企業的計劃，和彼企業的計劃，在執行時難免發生衝突，或重複浪費。社會主義而無計劃經濟，則缺乏強制執行能力，將必待人人具能各盡所能各取所需，有些河清難俟，又須回復至烏托邦的社會主義。就理想而談理想，我希望一個國家，能以計劃經濟，保證全民得到最低生活的必需數量，避免一方凍餓，他方火燒小麥、水泡棉花的不合理現象，在此生活必需以上，聽人民依其收入和志願，自由消費。關於職業，則希望教育訓練的機會公開平等，保障就業，在生產足夠的必需品最低總量，和戰爭尚未廢止以前軍需的必要數量而外，各人均可依其本能與訓練，以從事發展個性及才智的企業。

總答覆

吳景超

我的〈論經濟自由〉一文，寫成以後，蒙徐毓枬、劉大中，及趙守愚三位先生賜予指正，甚為感謝。

（一）定義和方法

首先，我要補充說明我對於制度一辭的用法。我所謂制度，包括（一）功能，（二）價值觀念的系統，（三）組織，（四）辨法，（五）工具五個方面。這已是近代社會學者所常用的一套概念，不必在此多加說明。因為我對於制度的看法是如此，所以我對於制度的研究，是離不開事實的。概念與假設是我研究的起點，但是這些概念與假說，是否與客觀的現象相符合，必須經過搜集事實與分析事實的過程，始能得一結論。又因社會制度是常在變動的，所以我們研究所得的結論，還須時時與新的事實相印證，因事實的變遷，我們的結論也得隨時修正。社會制度的研究，因比是永無止境的。也許我研究的辦法，與徐先生的方法不同，所以我們的結論相差得那樣多。徐先生那種根據「先驗的理論」的討論，自然有其價值，但與我的方法，「引用許多事實及數字的」，既然不是在同一領域中下工夫，自然難望得到相同的結果。譬如徐先生曾假定消費者把社會總所得全部用之於消費，並由此觀點出發，比較美、蘇二國之消費自由，但是這個問題，在我的腦筋中根本不存在，因為在美、蘇兩國中，都沒有這種事實，所以在理論上雖然是有趣的，已超出我的研究範圍之內。

（二）消費自由的五個階段

從這次討論裏，特別從徐先生的文章裏，我們可以看出，消費自由的程度是有不同的，由於此種不同，我們可以把消費自由分為四級或五級。第一級為定量分配制，配給消費者以某項數量的某種物品，這是最不自由的一級。第二級為積點分配製，也就是徐先生所說在英國施行的。消費者在某一種物品之中，只要不超過分配所得的積點，還有選擇的自由，但消費者不能以甲種物品的積點，來購買乙種物品，這是他不自由的地方。第三級為消費者對於市場上出售的一切物資，可以自由選擇，不受積點的限制，但是他的需要，不能影響生產元素的分配。第四級的境界，即英美各國所常說的消費者的主權，消費者可以其購買力，來影響生產元素的分配。假如消費者對於某種物資的需要加增，生產元素便移轉去生產該項物資。但是在這種情形之下，消費者的自由，還是受購買力所束縛的。最高的一個境界，即各取所需的境界，也可稱為神仙境界。在一切物資與勞務的供給，還沒有多到像空氣一樣的時候，那種境界，只是可望而不可即的。以美、蘇兩國來說，蘇聯的消費自由，已到了第三段，而美國則到了第四段。徐先生說：在蘇聯，衣著總額雖有限制，但如果消費者多用毛織品，少用棉織品，無異指揮資源用於畜牧，而不用於農作。假如蘇聯的政府注意人民的偏好，然後根據此種偏好，來決定資源利用的途徑，那就是以價格機構為標準來分配資源，也就與美國的辦法一樣了。可是事實上，蘇聯的計劃，並不是研究了消費者的偏好而定的。假如生產元素的分配，已在計劃中規定，蘇聯政府，並不因人民的需要加增，便犧牲其原計劃，而撥出一部份資源，一部份人力，來加增毛織品之生產，以供給人民的需要。人民的願望，與計劃者的意志相衝突時，在計劃經濟之下，我看不出人民的願望，如何可以獲得勝利。

（三）擇業自由與教育機會

徐、趙二先生都提到教育機會與擇業自由的關係。教育機會誠是經濟制度中一個重要現象，我因為擬在別的場合中討論，所以在本文中未提。我在此處要指出的一點，就是徐、趙二先生對於這一點的觀察與事實不盡相符。徐先生說在美國，教育機會是不平等的，而在蘇聯，則是均等的。趙先生說蘇聯在某些辦法上優於美國，譬如教育訓練機會之平等。我的看法，是教育機會，目前在兩個國家中都不平等的，而蘇聯較美國更不平等。美國的公立中學，都是免費的，而且書籍也由公家供給。蘇聯自一九四〇年的九月起，中學的最高三級，每年要收學費一百五十至二百盧布，大學及高級專門學校，每年要收三百至五百盧布。這個法律，使蘇聯在十四歲以上的青年，多數只能進免費的職業學校，以便在十六歲時便可就業。而在一九四〇年，美國十五歲至十八歲的青年，有百分之六四點九，都在學校中讀書。蘇聯的人口，多於美國。可是在一九三八年至一九三九年之間，蘇聯人民在大學及高級專門學校中讀書的，只有六十萬人。在一九四〇年，美國十九歲至二十二歲的青年，在大學及其他高級學校受教育的，便有一百四十九萬人。兩者相比，美國教育機會的比較平等，顯而易見。這種比較，當然是指現狀而言，並不假定蘇聯將來趕不上或者趕得上美國，那是要靠將來的事實證明的。

（四）社會主義與經濟自由

趙先生說美國自從獨佔性和不完全競爭擴大範圍之後，人民消費的自由大受限制，此點我極同意。因此，我們以為美國假如實行社會主義，使生產照劉先生所提出的兩項原則之下進行，也就是照完全競爭的理想狀態之下進行，那麼趙先生所說的弊病，都可免除。我所謂的社會主義，最要的是生產工具公有，並不包括計劃經濟。在另外一篇文章中，我對於此點，曾有詳細的說明，此處不必贅敘。在比，我只能簡單的答覆趙、劉二先生所提出的問題。

趙先生的社會理想有兩點，一為保證全民得到最低生活的必需數量，二為保障就業。這兩個理想，在社會主義的國家中，都可以不必靠計劃經濟來達到。最低生活程度的保障，只須制定最低工資率及社會保險律。全民就業的目的，只要政府負起責任：在失業發生的時候，創造職業來吸收失業者便行。這一切，不但社會主義的國家中，是以此為鵠的，就是資本主義的國家，不靠計劃經濟，也可以達到。凱因斯在其《就業通論》中，曾說明計劃全民就業與計劃經濟，是完全不同的。計劃經濟，要安排就業者的工作園地，而計劃全民就業，則是由國家來保障就業總數，至於就業者的工作園地，最大部份，還是由價格機構來安排的。總之，計劃經濟，是如劉先生所說，指全面的計劃經濟而言。至於局部的計劃，在現在的資本主義社會中，在理想的社會主義中，因為若干考慮，是不能避免的。譬如教育勞務的供給，至少是初級的一部份，現在世界各國，都放在局部計劃之內，而不是讓價格機構來決定供求的。

劉先生提出的問題，是最難答覆的一點，因為現在還沒有事實來證明誰是誰非。在我理想中的社會主義，經濟權完全是分散的，譬如美國明天忽然實行社會主義了，現在的生產單位，除了為增加生產效率所必需的以外，其餘的依舊單獨存在，受不同的董事會所指揮。董事會依然根據價格機構，來定生產方針，可是生產的目標，不為謀利，而是依照劉先生所提出的原則。董事會的人選，只有一小部份是政府所派的，其餘的大部份，由不同的社團舉出。每一生產單位中工作的人，與該單位的董事會或董事會所指派的經理，發生契約關係，不與政府任何機關，發生契約關係，因而生產單位中的工作者，既非政府所僱用，也不為政府所解僱。這是保證私人就業，不受政府干涉的辦法，也就是分裂政治權與經濟權的方法。全國生產機關，都向政府交租，交利息。如有紅利，也交國庫，此項財產收入，以前屬於個人的，現在屬於國家，由國家轉存銀行。凡是要創業的，可以商請銀行投資，正如在資本主義的社會中，私人創業，也要與銀行接洽一樣。無論是資本主義或社會主義，對於新投資的審核，總是有一部份人擔任的。創業者受到此種限制，從整個社會的福利看來，乃是必需的，否則創業者失敗的例子，必然會要加增。在社會主義之下，創業者說服銀行家的困難，並不較資本主義之下加增。政府收到的利息、紅利及地租，也許還不夠新投資的需要，在人民的同意（通過國會的立法）之下，可以利用強迫儲蓄的方法，來加增資本的蓄積。徐、劉二先生，都以為政府如規定一個資本的累積速率，便是全面計劃經濟。據我看來，並非如此。假如政府規定了資本的累積速率，同時又規定新資本的用途，那就走上了全面計劃經濟之路。假如政府以新資本交給銀行，而讓人民或公司出相當的利息（此項利率，必須使新投資等於新儲蓄的數量）來利用這些資本，那麼人民的消費主權，還可充分的行使，便非計劃經濟了。

社會主義，是人類的一個很高的理想，經濟自由，也是人類文化史上一個輝煌的成績。如何兼而有之，乃是第一次大戰以後，歐洲大陸以及英美的社會主義者所常辯論推敲的一個問題。我們關懷人類的福利，對於這個根本問題，實在願意更多的人，來絞他們的腦汁。

（原刊《新路》第一卷二十一期）

資本形成的途徑
——美蘇經濟制度述評之一

（一）

資本是生產因素中最富於發酵作用的一個因素。一個國家，如想改變它的經濟組織；加增生產能力，提高生活程度，一定要設法解決資本問題。美國的資本形成的過程，有許多地方，是與其他工業國家相似的，但蘇聯的資本形成，卻走上一個簇新的途徑。這種比較的研究，對於經濟落後的國家，極有參考的價值。

我們研究別國的經濟史，注意這些國家資本形成的方式，便可發現一個共同的步驟，那就是，在任何國家的工業化初期，總要大量的利用外資。利用外資，是孳生本國資本最快的方法，比自力更生要容易得多。一個善於利用外資的國家，在依賴外力發展本國的企業之後，便可產生鉅大的資本，於償還外資之後，還有餘資投於海外，使本國的地位，從債務國變為債權國。在十九世紀，我們看見歐洲至少有三個大國，是依照上面所敘述的途徑發展的。在十九世紀開始的時候，英、法、德三國，都是債務國，他們欠外國的債務，超過他們在國外的投資。英國從債務國變為債權國，是在一八二五年以後。法國地位的改變，在一八五〇年以後。德國地位的改變，在一八七〇年以後。

美國在十九世紀，始終是一個債務國。在第一次歐戰開始的時候，美國在外國的投資，為三十五億美元，而外國在美的投資，為七十二億元。歐戰結束之後，這個局面完全改觀。美國在外國的投資，增至七十億美元，而外國在美的投資，均減至四十億元。美國的債權國地位，至此遂告確立。

凡是一個國家，如能由債務國的地位，進到債權國的地位，國內的各種企業，一定都已很為發達。在這種國家中，新的資本，多由各種企業利潤的方式產生。每種企業，在他的生產過程中，一定有他的開支，由此種開支而產生的貨品的與勞務，出售於市場，就可得到一筆收入。從收入中減去開支，使為企業的利潤。美國資本形成的主要來源，便是此項利潤。我們可以一九四六年的情形為例，說明美國各種企業產生利潤的實況。此項統計，只限於公司組織，凡是合夥及獨資的生產單位，其所產生的利潤，都未計入。

公司企業名稱	稅前利潤（單位百萬元）	稅後利潤（單位百萬元）
各種企業	二一，一四〇	一二，五三九
礦業	五六四	四〇七

公司企業名稱	稅前利潤（單位百萬元）	稅後利潤（單位百萬元）
製造業	一〇，八五八	六，三三八
商業	四，六二二	二，七二七
金融及地產業	一，六三七	一，〇一三
運輸業	七四〇	三七九
交通及公用事業	一，四一一	八五六
其他企業	一，三〇八	八一九

美國的生產事業，規模較大的，都採用了公司的組織，如交通及公用事業，公司組織，幾佔全數。在礦業中，公司組織，佔百分之九十六，製造業中佔百分之九十二，運輸業中佔百分之八十九，金融業中佔百分之八十四。所以表中的統計，雖然只限於公司的組織，但富於代表性。在這個表中，我們看到美國國家資本的一個重要來源，那便是各企業的利潤。政府以所得稅的方式，將此項利潤，在其沒有分配給私人之前，使移轉了幾近半數到國庫中去。這是把私人資本轉變為國家資本的一個方式。政府得到這一批資本，使用以鞏固國防，並供給教育，衛生等勞務。在目前，美國政府對於直接生產的事業，很少參加，這是美國政府與蘇聯政府在利用國家資本這一點上根本不同之點。

我們對於表格上的統計，另外應當注意的一點，就是稅後的利潤。這樣龐大的利潤——一百二十五億美元——，並非完全分配給私人的。根據美國過去分配利潤的慣例，大約有一半分配給股東，一半則作為公積金及準備金，保留在公司裏面。此項保留的利潤，為美國各公司發展事業的主要財源。美國的公司，在擴張事業的時候，其所需的資本，常有一半以上，是自己供給的。一九四六年，美國公司的新投資，共值二百七十億元，其中一百六十八億元，等於總價值百分之六十二，是由公司自己供給的。一九四六年公司的新投質，超過了那年的總利潤，可見其中有一大部份，乃歷年累積而成，乃過去公積金及準備金的解凍。美國有好些公司，在擴充事業的時候，對於市場上的資本，幾乎無所需求，或需求甚少。美國鋼鐵公司，美國幾家大的電器公司及汽車公司，過去三十餘年之內，很少利用別人的資本。美國的頭號鐵路公司，自一九二一年至一九三七年，曾擴充資金一百億元，其中百分之七十二，是自己供給的。由此可見美國生產資本的一個主要來源，即是沒有分配給私人的利潤。

根據聯邦準備銀行的調查，在一九四七年，全司的稅後利潤，有百分之六十一沒有分配給私人，一九四六年有百分之五十五沒有分配給私人。私人所分到的利潤，在一九四六年，達五十六億元。同年美國人的利息收入，為三十二億元，地租收入，為六十九億元。這幾項，都是私人的「財產收入」。私人的「勞務收入」，即薪水與工資的收入，是美國人民收入中的最大一個項目，達一千一百六十八億元。另外還有一筆私人的收入，達三百四十九億元，為農民，獨資或合夥的商人，及自由職業者的收入，其中兼有財產與勞務的成份，很難歸入於任何一類。在這些收入之中，大部份是用於消費，與資本形成無直接關係。第二筆大的開銷，便是私人向政府交納的賦稅，在一九四六年，為一百八十八億元。這是國家資本的第二個來源。政府除向公司及私人徵稅外，其收入還有第三個來源，即間接稅，此稅在一九四六年，也有一百六十九億元。政府的收入，在美國很少轉變為直接生產的資本，但是政府的各項開支，間接的有助於私人生產事業的進行，則是無可否認的。在私人的收入中，與資本形成最有密切關係的，乃私人儲蓄的一部份。

私人儲蓄，在美國，自第二次世界大戰開始後，有驚人的加增。在第二次大戰以前，沒有一年私人的儲蓄總數，是超過一百億的。一九二九年，只有三十七億。一九三三年，在商業蕭條期內，美國人的儲蓄是一個負數，達十二億元。換句話說，在那一年內，美國人不但沒有儲蓄，還把過去的儲蓄，用去十二億元。但在一九四一年，便是珍珠港事變發生的一年，美國的私人儲蓄，已達九十八億元。一九四四年，增至三百五十六億元。和平以來，私人的消費量加增，儲蓄的數量下降，一九四六年為一百四十八億元，一九四七年為一百零九億元，歷年累積的結果，美國私人的儲蓄，在一九四七年，已達一千七百二十億元的鉅數，其中二百零六億為現金，三百二十三億為短期存款，五百十八億為長期存款，五百八十一億為政府債券，九十二億為其他儲蓄。在這個總數內，政府債券，是否可與其他儲蓄等量齊觀，大成問題。政府債券，大部份是作戰時期內發出，轉移人民的所得，以為作戰之用。所以這五百餘億元的政府債券，其所代表的物資及勞務，早已在戰場之化為雲煙。他在美國的經濟組織中，以後恐怕只能發生通貨膨漲的作用而已。

但是私人自收入中積存下來的儲蓄，假如這種收入，是由生產的過程中產生的，則所儲蓄的價值，即代表實際物資及勞務的價值，因此便可成為美國資本形成的一個重要來源。這種儲蓄，轉變為實際資本，有好幾條途徑。其一，每逢新生產事業要創立時，或舊事業要擴充時，此種事業所發行之股票或債券，便成為私人儲蓄投資的對象。我們上面提到，在一九四六年，美國公司的新投資，為二百七十億元，其中公司自己只供給了一百六十八億元，餘下來的一部份，便是取於私人的儲蓄。私人的儲蓄，由自己選擇投資的對象，是一個辦法。另外一個辦法，便是存入銀行，或信託公司，或保險公司，而由此類金融機構代為經營。無論採用那一種方法，經營的結果，還是以利潤或利息的方式，流回私人的手中。

由於上面的討論，我們對於美國資本形成的方法，可以得到一個輪廓的概念。美國的資本，是由生產事業繁殖出來的。在生產的過程中，產生了地租、利潤、利息、薪金與工資等私人的收入。私人的收入有三個出路，一為消費，與資本形成無直接關係；二為賦稅，可能產生國家資本；三為儲蓄，可以由投資的途徑，轉為實際資本。各種生產單位，特別是公司組織，在其所產生的利潤中，只以一部份分配給私人，其出路已如上述。另外的一部份，其出路之一，即為賦稅，為國家資本的一個來源；其出路之二，即為擴充生產事業，加增社會上的實際資本。所以美國的資本形成，負責的有三方面，即企業、私人及政府，但資本的來源只有一個，即國內的生產事業。

（二）

我們已經說明了美國資本形成的方式，現在我們可進而敘述蘇聯資本形成的方式，並說明美蘇在資本形成一點上，其同異之處何在。

首先，我們要說外資在蘇聯建設中所處的地位。在十月革命以前，蘇聯是一個債務國。自從十九世紀的末葉起始，外國在俄國的投資，平均每年達二億盧布。俄國的鐵路、煤礦、工廠、銀行，都利用了大量的外資。瑞典在一八七六年，便開始投資於俄國的石油工業。到了一九一四年，石油工業的資本，有百分之六十屬於外人。在一九一二年，煤礦業中的資本，有百分之七十，屬於外人。外人在俄國的投資，在第一次歐戰發生的時候，共達二十億金盧布，其中百分之三十二屬於法國，百分之二十二屬於英國。另外中央及地方政府的債券，在外人手中的，還有五十億金盧布。俄國有一位經濟學者估計，在鐵路、工業，及商業中的資本，外資佔百分之三十四。這是一九一二年的情形。

在蘇聯實行新經濟政策時代，也經打算利用外資。在一九二一至一九二四的幾年之內，外人對於投資蘇聯的建議，達一千二百五十六起，但實際外人投資的總數，只達一億盧布，此與戰前的情形比較起來，減少了許多。外資的不來，是因為蘇聯對於帝俄時代的舊債，不肯還本付息，因而喪失了信用所致呢，還是因為資本主義的國家，對於一個新興的社會主義國家，暗中封鎖信用所致呢？這個問題，各方面的答案不同，但蘇聯建國之後，無法利用外資，則是事實。

斯大林於一九三一年六月在經濟工作人員會議上的演說，有一段提到蘇聯雖然沒有得到外國的幫助，但蘇聯有自己累積資本的方法。他說：「我們考察資本主義各國歷史，便可知道無論那一個想把自己的工業提到更高階段的新起國家，都不免要有外國的幫助，即長期的信貨或借款。西方各國資本家有鑒於此，所以完全不肯給予我國絲毫信貸和借款，以為我國工業化事業得不到信貸和借款，就一定會遭受失敗的。可是資本家們失算了。他們沒有估計到我們國家與資本主義國家的區別，殊不知我們國家有一種特別的積累來源，足以恢復並繼續發展工業。……試問這幾百萬萬盧布是從何處得來的呢？是從輕工業方面，農業方面，預算上的積累方面得來的。我們不久以前的情形就是如此。」

在一九三一年史大林演說的時候，第一次五年計劃已經實行了一半。他覺得過去的三種資本來源是不夠的，還要另外開闢一個來源。他繼著說：「我們已不可專靠輕工業，專靠預算上的積累，專靠由農業方面得到的收入了。輕工業是一個極豐富的積累來源，而且它現在也大有繼續發展的可能，可是這個積累來源不是沒有止境的。農業也是一種豐富的積累來源，可是在目前農業改造時期，農業本身也需要國家幫助。至於國家預算上的積累，那麼你們自己知道這種積累是不能夠而且也不應當沒有止境的。還有什麼呢？還有重工業。所以，必須設法使重工業——首先是機器製造業——也能拿出積累來。所以，除加強並擴展舊積累來源而外，同時還要設法使重工業——首先是機器製造業——也能拿出積累來。」

從史大林這幾段話裏，我們知道蘇聯積累資本的來源有三：一為農業，二為工業，包括輕工業與重工業，三為國家預算。蘇聯如何從這三個來源，得到經濟建設的資本，還得細加解釋。

第一，我們先看農業。

在工業化的國家中，資本的累積，很少依賴農業，因為別的企業，產生資本的能力，要比農業大得多。以美國來說，農業產品的總價值，在過去二十年內，還不到全國收益總值十分之一，所以如在農業中來作積累資本的打算，則所積累的資本，其總值一定是有限的。但在農業的國家中，農業是最重要的生產部門，它所生產的價值，在全國收益中佔極大的百分數，所以一個農業國家，如想自己供給資本，便非在農業中打算盤不可。從這個觀點看去，蘇聯的實行集體農場制度，可以說是給累積資本的工作，一個極大的方便。在實行集體農場制度之前，蘇聯有二千五百多萬個小農場，而在實行集體廣場制度之後，農場的數目，便減至二十四萬個。蘇聯徵實的工作，自從實行集體農場制度之後，不知簡單化了多少。其次，在集體式的大農場上，才可利用曳引機，政府租曳引機給集體農場，又可取得以實物支付的租金。政府徵實與索取曳引機的租金，為政府把握農作物的兩個主要辦法。以徵實的數量而言，各個年代不同。最多的時期，如一九三二年，政府徵實所得，等於農民收穫量百分之三六點八。最少的年份，如一九三四年，也達百分之一九點五。一九三三至一九三五年的平均徵實數量，等於農民收穫量的百分之二十。梅蘭德（J. Mayrand）曾計算徵實及曳引機的租金，兩者合計，在一九三二年，等於農民收穫量百分之三十八，一九三五年，等於農民收穫量百分之四十二。這兒所說的收穫量，是指農民倉中的收穫量。如另外採用一種標準，指田間的收穫量而言（田間的收穫量，沒有把收穫時的損失除開，所以總數較大於倉中的收穫量），即一九三二年農民對於政府上述兩項目的開支，等於收穫量百分之二十七，一九三五年的開支，等於收穫量的百分之三十四。政府把握此項物資後，變為生產資本的途徑。主要的有二。第一，即將一部分農作物，輸出國外，換取生產工具及設備，如機器及車輛之類。第二，即將一部分農作物加工，製成消費品，在市場上出售，而以出售所得，支付各項企業中工人的薪資。生產工具與勞動力，是生產資本中的重要部份，而這些，都可以農業中產生之農作的換取的。

其次，我們看蘇聯的工業如何積累資金。在資本主義的國家中，工業的利潤，是資本的主要來源，美國的情形，便可說明這一點。蘇聯的工業，有所謂計劃的利潤，是在產品的各種成本之上所加的一筆。譬如某項產品，成本為九十盧布，外加十個盧布的計劃利潤，便成一百盧布。一百盧布，即為該項產品的出廠價值。計劃利潤，平均每年有一半移交給國庫，另外的一半，可以由工業自己保持，以為發展事業及工人福利等項的開銷。在一九三一年，政府的收入，為二百三十四億盧布，其中二十四億，即為計劃利潤，一九四〇年，政府的收入，為一千七百八十一億盧布，其中二百十四億，為計劃利潤。計劃利潤，在整個預算中所佔的百分數，各年不同。一九三七年，只佔百分之六，而在一九四〇年，則佔百分之十二。蘇聯工業中的利潤，其產生的方法，與美國不同。在資本形成中所佔的地位，其重要性也不如美國。

第三，在蘇聯的資本形成過程中，我們應特別注意斯大林所謂國家預算的積累。這個名詞，不大能夠表示積累的方法，比較容易令人了解的名詞，乃是「強迫儲蓄」。所謂國家預算的積累，乃是強迫儲蓄的另一個說法。我們試看蘇聯的預算，在一九三一年的收入二百三十四億盧布中，銷售稅要佔一百十六億。在一九四〇年的收入一千七百八十一億中。銷售稅要佔一千零五十八億。銷售稅的重要，從兩種事實中可以看出。第一，銷售稅的收入，常在政府所有的收入百分之五十以上，以一九四〇年為例，銷售稅佔總收入百分之五九點四。第二，我們再看一九四〇年政府的支出，用於生產事業的，為五百七十一億，用於國防的，為五百六十一億。所以銷售稅的收入，幾可開支以上兩項最重要工作。銷售稅加上計劃利潤，便可開支此兩項重要工作而有餘。銷售稅是一種間接稅，在蘇聯徵收，所以不感困難的原因，乃是由於一切商業，都把握在政府的手中。政府在所有商品的出廠價格之上，加上若干成，名之為銷售稅，即等於商品的市場價格。因此，蘇聯每一個公民，凡是要消費的，都要納銷售稅，也就是要被迫儲蓄。這一點是與美國情形大不相同的。美國的儲蓄，大部份是由收入較多的人供給，窮人對於儲蓄是不負責任的。窮人的收入較少，不但沒有儲蓄，而且還要欠債。以一九三五年來說，收入最多的百分之十，一共儲蓄了六十二億元，最窮的三分之一，欠債十二億元，中產階級，儲蓄了九億元，全國的淨儲蓄，為五十九億元。由此可見美國的個人儲蓄，大部份由最富的百分之十負責。在蘇聯，銷售稅的所得，等於個人的強迫儲蓄，移轉於國庫。但在此大量的儲蓄中，誰都貢獻了一部份，收入多的人固然在消費時要納銷售稅，收入少的人在消費時也要納銷售稅。蘇聯的儲蓄工作，真可以說是人人負責的。如上所說，這樣儲蓄起來的資本，是建設蘇聯的動力，而其代價，則為在建設時期中，生活程度的普遍降低。縮緊腰帶，咬緊牙關，乃是蘇聯人民創造資金的辦法。與銷售稅的性質相似的，為政府公債。在這一個項目上，政府的收入，在一九三一年，為三十三億，在一九四〇年，為一百十四億，蘇聯的政府公債，大部份是強迫推銷的，其意義也等於強迫儲蓄。

美國的儲蓄，是自動的，而蘇聯的儲蓄，即為強迫的。從累積資本的觀點看去，強迫所產生的結果，較大於自動的，殆無疑義。美國從一八七九年以來，每年資本形成的價值，常在全國收益百分之十左右。蘇聯的資本形成，常在全國收益百分之二十五至三分之一左右。此種資本形成率，大於一九一四年以前的俄國約二倍半，大於一九一四年以前的英國約二倍。以美國生產力之大，假如政府採用強迫儲蓄的方法，降低人民生活到中國人的水準，則使其人民的儲蓄，等於全國收益百分之九十，並不是在理論上為不可能的。但從各國的經濟史中，除了蘇聯之外，我們還沒有遇到一個國家，其資本的形成率，有蘇聯那樣高的。此種現象之所以出現於蘇聯，應以他的特殊國際環境來解釋。別的實行社會主義的國家，如在開始工業化的時候，能夠得到外資的援助，則亦不必壓低人民的生活程度，來增加強迫儲蓄的數量。

十一月，十一日。

（原刊《新路》第二卷第二期）

蘇聯的生活程度

（一）

研究經濟制度的人，對於經濟制度的批判，可以採用各種不同的標準。但是有一個標準，是無法忽略的，那就是生活程度。這是一個最合乎人道主義的一個批判標準。假如我們說：某種經濟制度是優美的，這種判斷的一個重要根據，必須是因為某種經濟制度對於人民的生活程度有所貢獻。

用這個觀點來研究蘇聯的經濟制度，我們便遇到重重疊疊的困難。我們都知道，表示生活程度變遷的最好標準，便是實際工資指數。實際工資與貨幣工資不同之點，就是實際工資所表示的數目，是已經把物價漲落的因素剔開了。計算實際工資指數所常用的公式，是以生活費用指數來除貨幣工資指數，再乘一百。假如得數在一百之上，那就表示實際工資有加增，也就表示生活程度有改進。反是，假如得數在一百之下，那就表示實際工資有減少，也就表示生活程度在下降。舉一個具體的例來說：假如今年的貨幣工資與去年一樣，生活費用也與去年一樣，並無變動，那麼以上列公式去求實際工資指數，其得數必然等於一百，表示生活程度並無變動。假如今年的貨幣工資加了一倍，以去年為基期，今年的貨幣工資指數，便為二百。同時生活費用只加了百分之五十，因此生活費用指數只等於一百五十。以上列公為計算，本年的實際工資指數便為一三三，表示生活程度有改善。假如今年的貨幣工資指數為一百五十，而生活費用指數為二百，則實際工資指數便為七十五，表示生活程度在下降。

蘇聯是一個實際計劃經濟的國家，對於物價及工資的統計，政府必定要搜集的。假如沒有這種統計，計劃便無法進行。可是蘇聯的政府，自一九三〇年起，便不公佈物價指數；自一九三五年起，便不公佈工資指數。這種重要的材料，蘇聯政府為什麼不願意讓別人知道呢？好多人都說：蘇聯政府所以不公佈這些統計的原因，就是想使別個國家的人民，無法知道蘇聯人民的實際生活程度。這種解釋是否對的，我們姑不討論，但是因為沒有工資與物價的材料，我們便無法對於蘇聯人民的生活程度，作一個客觀的判斷。我們如想了解蘇聯的生活程度，只好採用旁敲側擊的方法，從零星的資料中，去獲得一鱗半爪的認識。

（二）

我們先介紹幾位研究蘇聯經濟的人，對於這種認識的嘗試。

雨各（A. Yugow）曾根據蘇聯工會提供國際聯盟的資料，計算「莫斯科每週食籃」（Moscow weekly food basket）的花費。每週食籃中的物品，在一九二八年，要花二點五盧布。一九三五年，同樣的物品，其定量分配價格，為一三點三八盧布，其公開市場價格，為三四點八二盧布。一個普通的工人，每月所得的工資，在一九二八年，可買此種食品二十九籃，但在一九三五年，如照定量分配價格，可買此種食品一三點九籃，如照公開市場價格，只能買五點三籃。一九三五年底，定量分配制度取消，市場上的價格趨於一致。在那個時候，每週食籃的價值為一九點二盧布。一九三七年七月此項食籃的價值為二〇點八盧布，一九三九年七月為二四點二盧布。一個普通的工人，每月的工資，在一九三五年定量分配取消之後，可買此種食品九點六籃，一九三七年可買一三點六籃，一九三九年可買一五點七籃。雨各的研究，表示蘇聯工人的實際工資，在一九三九年，雖然比一九三五年已有改善，但還趕不上一九二八年。換句話說，自從開始實行計劃經濟之後，蘇聯工人的生活程度，不但沒有提高，反而有今不如昔之感，這是可以使別國的人驚訝的。

哥當（M. Gordon）有一個研究，是比較一九三七年與一九一一年情形的。這個比較的用意，是要我們明瞭在第二個五年計劃完結的時候，人民的生活，比第一次歐洲大戰以前的生活，有何變動。他所研究的對象，不是普通的工人，不是拿平均工資的工人，而是拿最低工資的工人。在一九一一年，紡織工廠中的女工，其所得的工資是最低的。以莫斯科而論，平均工資為每月十七盧布，而絲廠中的女工，只有十盧布。在一九三七年，蘇聯工人的最低工資為一一〇盧布，除去工會會費及政府強迫公債，實得一〇五盧布。但如以一九三七年幾種食品的價格與一九一〇年相比，肉價漲了十七倍至十八倍，麵包與番薯的價格，上漲的程度，與肉類相等，蔬菜漲了二十五倍，油及脂肪漲了三十五倍至四十倍。在一九一一年，三點三盧布，可以購黑麵包六十五磅，番薯十一磅，小麥五磅，酸菜四磅，肉三點三磅，向日葵子油一磅，牛羊脂半磅。同數量的物品，在一九三七年，要花五十八盧布。貨幣最低工資，如上所述，已自一九一一年的十盧布，加至一九三七年的一〇五盧布，將近十一倍。但是工人的食品價格，則從三點三盧布，漲至五十八盧布，增加了差不多十八倍。所以從那些拿最低工資的工人立場去看，一九三七年的生活程度，還不如一九一一年。

胡巴德（L. E Hubbard）曾採用類似的方法，比較蘇聯工人在一九二八，一九三三及一九三六年的生活程度。他選定了十二種食品，計算一個工人對於這些食品在一九二八年十一月的消費量及其價格，知道每一工人在這十二種食品上，每月要花十二點四八盧布。同樣的食品，在一九三三年，要花五四點零四盧布；在一九三六年，要花九七點六七盧布。胡巴德根據他所搜集到的零星資料，算出這三個時期，工資與食品價格的指數如下：

時期	**工資指數**	**食品價格指數**
一九二八	一〇〇	一〇〇
一九三三	二二三	四三二
一九三六	三九五	七八一

除去食品以外，胡巴德又研究一個工人家庭，平均每年在衣著上所花的錢。衣著的項目，包括鞋、棉製品、毛製品、及其他紡織品。在一九二八年，一個工人家庭，花五五點二一盧布所能購買得到的衣著，在一九三六年購買，便要花六六七點五盧布。根據這個調查，胡巴德對於蘇聯工人的生活程度，下一結論說：「在一九三七年，蘇聯的熟練工人，所得工資較多的，也許能夠比一九二八年購得較多的物資，但是對於那些所得工資較低的工人而言，他們在一九三七年，是否能夠較一九二八年有更多的消費，是大成問題的。」

（三）

我們看了三位專家的研究之後，心中一定會發生一個疑問。這些人所舉出的事實，是否可靠？蘇聯實行了計劃經濟若干年，難道結果不但不能提高工人的生活程度，反而不能維持工人的生活程度於一九二八或一九一一的水準嗎？

我們想從別的方面，搜集一些統計，以為審查上面所舉數字的參考。

蘇聯的實際生產數字，是時常公佈的。我們且看在幾次五年計劃的時期內，對於人民生活程度最有關係的幾種生產數字是什麼樣子。

物資	單位	一九一三	一九二八	一九三二	一九三七
穀物	百萬公擔	八一六	七三三	六九八	一，二〇二
牛	百萬	六〇	七〇	四〇	五七
羊	百萬	一二一	一四六	五二	八一
豬	百萬	二〇	二六	一一	二三
棉製品	百萬公尺	二，二二七	二，七四二	二，四一七	三，四四七
毛製品	百萬公尺	九五	九三	八八	一〇八
皮鞋	百萬雙	八	二九	八四	一六四

這些統計數字，可以幫助我們了解蘇聯人民生活程度的變遷。表中所列的七種物資，前四種與食品有關，後三種與衣著有關。表中所列的四個時期，一九一三年表示第一次歐戰以前的情形，一九二八表示第一次五年計劃開始時的情形，一九三二表示第一次五年計劃完結時的情形，一九三七表示第二次五年計劃完結時的情形。以食品的供給而言，第一次五年計劃完結的時候，人民所能享受的物資數量，不如第一次五年計劃開始的時候，也不如第一次歐戰以前的狀況。第二次五年計劃完結的時候，人民的生活，較之一九三二年已有改進，但以肉的供給而論，還達不到第一次歐戰前的水準。美國的農業專家哲斯納（N. Jasny），根據他詳細的計算，曾說蘇聯平

均每人對於肉、牛奶、雞蛋及白麵包四種食品的消費，在一九三七年及一九三八年，都沒有達到一九二八年的水準。只有對於糖及魚類的消費，後期超過前期。哲斯納所舉的四種重要食品中，肉、牛奶及雞蛋三種食品的消費量，一九三七年不如一九二八年，與上表所列的統計並不衝突。但是白麵包的消費量，為什麼也會達不到一九二八年的水準呢？政府所公佈的數字，不是一九三七年穀類的產量，超過了以前的任何一個時期嗎？哲斯納曾提供一個解釋。他說，蘇聯的農業生產數字，都是一種估計的數字，而且在一九三三年以後，這種估計，並非收穫以後的估計，而是收穫以前的估計。換句話說，蘇聯的農業生產估計，在一九三三年以前，為倉中農作物的估計，一九三三年以後，為田間農作物的估計。這種事前的估計，如在事後發現過高，可以作減低的修正，但不得減少百分之十以上。一九三七年以後，事後減低收穫量估計的辦法也取消了。在一九三三至三九之間，官方估計農產物的收穫量，超過實際的收穫量，約百分之二十五。假如我們根據這種看法來修正一九三七年穀類的收穫量，應為九〇四百萬公擔。這個數目字，還是比以前的任何一期為高，但是我們要記得，蘇聯的人口，在一九一三年，為一億三千九百萬，一九二六年為一億四千七百萬，一九三九年為一億七千二百萬。一九三九年的人口，較之一九一三年的人口，加了百分之二十三以上。假如一九三七年的蘇聯人民，想維持穀類的消費於一九一三的平均水準，則一九三七年的穀類產量，應在一，〇〇三百萬公擔以上。我們上面修正的一九三七年穀類產量數字，比較這個數字，相差約一億公擔。所以總括的說，蘇聯政府所公佈的農業生產數字，似可證實上述三位專家的研究，即蘇聯人民在食品的享受上，在第二個五年計劃完成的時候，還沒有恢復第一次歐戰以前的水準，但較第一個五年計劃完成的時候，已略有進步。

關於衣著方面的生產數字，在第二次五年計劃完成的時候，棉製品、毛製品及皮鞋，都已超過了第一次歐戰前的水準。但是這種數字與生活程度的關係，不易解釋。貝柯夫（A. Baykov）曾提醒我們，要我們不要把大工廠的生產數字，與實際人民所享受的生產數量，混為一談。自從實行五年計劃之後，以前由手藝工人及家庭中生產的物品，現在多改由大工廠來替代生產了，但是工廠產量的加增，並不能代表某項物資供給的加增。譬如在一九二八年，食品工業的生產總值，自十五億盧布，增至一九三二年的三十四億盧布，各種鞋的生產，出自一九二八年的二千九百萬雙，增至一九三二年的八千四百萬雙。可是一九三二年食品工業及製鞋的原料如穀類及牛皮，較之一九二八年都大為減產。原料減少而製成品加增是不可能的事。根據這種理論，假如牛羊的數目，在一九三七年，還沒有恢復到一九一三年的數目，那麼皮鞋及毛織品的產量，想要超過一九一三年的產量，是不可能的。表中的數字，只能表示工廠產量的加增，但不能表示整個供給的加增。如想知道整個供給的數字，我們應將工廠以外的生產量，即手工業及家庭工業的生產量加上計算，可惜後一項的數字是無法獲得的。表中只有棉製品的產量，其進步比較可靠，因據蘇聯政府的公佈數字，棉花的產量，在一九一三年為六百八十萬公擔，而在一九三七年，已增至二千五百八十萬公擔。雖然一九一三年進口的棉花，超過一九三七年很多，但蘇聯工廠中在一九三七年所傳利用的棉花，超過一九一三年很多，殆無疑義。

（四）

上面的各種討論，似乎可以證明一點，就是蘇聯人民的生活程度，從基本需要的享受方面看去，在第二次五年計劃完成之後，還沒有恢復第一次歐戰前的水準，至少還沒有超過第一次歐戰前的水準。（棉織品的消費為例外）但是在另一些方面，蘇聯人民的享受，超過戰前的水準很多。我們特別指出教育及醫藥兩方面的成績。

以教育而論，我們從兩項不同的統計中，可以看出進步的情形。其一為政府在教育事業上的花費，在一九三一年為二十億盧布，而在一九四〇年則為二百二十七億盧布。其二為就學者的統計，在一九二八年，在初中學校肄業的，為一千二百萬人，而在一九三九年，則為三千一百萬人。在大學及高等技術學校肄業的，一九二八年為十七萬七千人，一九三九年，則為六十萬三千人。以醫藥的進步而論，我們也可舉出兩項統計。一為醫院病床及醫生數目的加增。在一九二九年，醫院計有病床二十四萬七千張，一九三九年，增至六十七萬二千張。醫生的數目，從一九二九年的六萬三千人，增至一九三九年的十一萬人。第二項統計，是死亡率的下降。在一九二七年，蘇聯的死亡率為二十六，即每千人中每年死二十六人，而在一九三八年，死亡率已降至一七點八。在一九一三年，俄國的病床，只有十七萬五千張，醫生只有一萬九千八百人，所以蘇聯在革命以後，醫藥方面的進步，是顯然的。

（五）

蘇聯現在的生活程度，如與別的國家比較，是處於一個什麼地位呢？國際間的生活程度比較，是一個困難的工作，我們且先查考一下別人對於這個問題的嘗試。

拜任（Paul A. Baran）曾利用全國收益的資料，來比較美、蘇人民的所得，因而推測兩國人民生產程度的高低。他計算的結果，以為蘇聯在一九四〇年的全國產量，值四百四十四億美元，其中一百四十一億美元，係用於投資及作戰的準備，因此只有三百零三億的物資及勞務，是人民可以享受的。蘇聯在一九四〇年的人口，估計為一億九千八百萬，因而每人的所得為一百五十三元，同年美國人民的平均所得則為六百元。美國人民的收入，平均比蘇聯人民高四倍。這個計算，有兩點可以批評。第一，美、蘇對於全國收益或全國產量的計算方法不同，概念各異，而且市場上又無公開的匯率，在此種困難之下，將蘇聯的全國收益，化為美金，不是容易辦理的。第二，蘇聯人口的數目，在一九四〇年，是否有一億九千八百萬人？許多人口專家，對於這個數字，是懷疑的，他們以為蘇聯在那一年的人口，只在一億七千萬人左右。既然全國收益的數字及人口的數字都有問題，所以平均所得的數字也有問題了。不過美國人民的平均所得高於蘇聯是無問題的，成為問題的只是高出的程度。

布洛得格特（R. H. Blodgett）曾比較蘇聯與各國人民的消費狀況。他說：在第二次五年計劃完成的時候，蘇聯平均每人每年消費肉類二二點一公斤，英美兩國的平均每人消費量為六二公斤，德國為四八公斤。蘇聯每人每年消費牛乳一七〇公斤，英國為四百公斤，德國為三五五公斤。蘇聯人民對於糖的消費，超過革命以前一倍半，但只等於德國人民消費量的一半，美國人民消費量的五分之二，英國人民消費量的三分之一。兩各比較蘇聯與瑞典人民在食品上的消費，發現蘇聯工人所吃的麵包較多，但所消耗的肉類，只等於瑞典工人的三分之一，脂肪只等於五分之二，牛乳只等於三分之一，雞蛋只等於十五分之一。

我們還可以採用一個最具體的比較方法，即看蘇聯的工人，以所得每月的工資，可以買得到多少數量的某種日用品，然後再看別個國家的工人，以其所得的工資，買到某種日用品的數量，是比蘇聯的工人為多還是少。今試以蘇聯與美國相比。美國工人的工資及日用品價格，勞工部每月都有統計發表，不成問題。蘇聯工人的工資及日用品的價格，並無官方的統計可以參考。我們從蘇聯所公佈的工人總數，工資總數，以及其他參考資料，推定蘇聯工人的平均每月工資，在一九四六年，約為三百七十五盧布。克拉菲司（J B Kravis）曾在一九四四七年七月份美國的《勞工月報》上，發表過他所調查到的幾項日用品在蘇聯的物價，其時期包括自一九四四年七月到一九四六年的十月。在一九四六年十月，蘇聯的定量分配制度還未取消，所以每種日用品，都有兩個價格，一為定量分配價格，一為公開市場價格，後者常高於前者三、四倍。現在我們以較低的定量分配價格為準，發現在一九四六年十月，白麵包每公斤的價格為八盧布，牛肉每公斤為三十盧布，白糖每公斤為十五盧布，牛油每公斤為六十六盧布。蘇聯工人的每月工資，可購白麵包四十七公斤，或牛肉一二點五公斤，或白糖二十五公斤，或牛油五點七公斤。美國製造業的工人，平均每星期工資，在一九四五年為四四點三九元。假令每月工作四星期，則每月工資應為一七七點五六元。美國上列幾種日用品的物價，白麵包每公斤為二〇點一分，牛肉每公斤為七四點一分，白糖每公斤為一四點八分，牛油每公斤為一元一角三分。美國工人的每月工資，可購白麵包八八八公斤，或牛肉二四〇公斤，或白糖一一九三公斤，或牛油一五七公斤。兩國工人的購買力強弱，這種比較表示得最為明顯。

在私人的消費方面，蘇聯工人的實際工資較低，所以趕不上美國，但在教育及醫藥方面，因為是公家花費的，所以蘇聯人民在這兩方面的享受，與美國的距離較短。以教育的費用來說，美國在一九四〇年的花費，共為三十九億元，如照官定匯率每元合五點三盧布計算，共為二百〇六億盧布，與蘇聯在同年的花費相差無幾。以就學的人數來說，美國在中小學的學生，約二千八百二十餘萬人，較蘇聯為低，但在大學及高等學校中肄業的，有一百四十九萬人，較蘇聯為高。同時我們應當記著蘇聯的人口，比美國要多四千萬人，所以美國在每一人身上所花教育的錢，無疑的要比蘇聯為高。在醫藥方面，美國在一九二三年有病床七十五萬張，一九四二年增至一百三十六萬張，醫生在一九四〇年有十四萬人，死亡率在一九四〇年為一〇點八，如與上面所舉關於蘇聯的數字相比，可以看出蘇聯在醫樂方面的設備，還落於美國之後，但在這些方面，落後的程度，不如在衣、食、住等方面所表現的那樣顯著。此點表示蘇聯在教育與醫藥方面，在過去的幾次五年計劃中，實在做過一番急起直追的工夫。

（六）

以蘇聯資源的豐富，及其分配制度的比較公平，所以蘇聯人民的生活程度，應該有光明的前途。過去所表示的成績，所以沒有如一般人所預料的那樣高，所以沒有如蘇聯人民所希望的那樣豐裕，一因蘇聯政府要用強迫儲蓄的方法來累積資本，因而不能使消費品的生產儘量的發展；二因蘇聯政府過去注其全力於備戰與作戰，因而在重工業中的投資，在重工業中所生產的設備，多用以擴充作戰所必需的物資，而沒有大量的利用這些生產力，來擴大消費品的供給。戰爭及備戰，是蘇聯人民生活程度的最大敵人。以後蘇聯人民如想提高其生活程度，使社會主義真能對於人民的享受有所貢獻，則蘇聯的政府及人民，必須努力與他國合作，創造一個和平的國際環境。

十一月，十五日。

（原刊《新路》第二卷第四期）

美、蘇對外的經濟關係

（一）

我們如想了解一個國家的對外經濟關係，首先必須了解這個國家的經濟組織，它的發展階段，以及其中心工作。除了這些經濟因素之外，也許還有別的因素，如政治因素，也可以影響一個國家的對外經濟關係，但經濟因素，可能是最基本的，因此也是最重要的。

美國自從第一次歐戰之後，便成為一個債權國。他的生產事業，擴張到了一個程度，須要在國外得到投資的出路，以及製造品的市場，然後國內才可以達到充分就業的境地，一九二九年起所發生的不景氣，使工廠關門，工人失業，資本家喪失利潤，勞工得不到職業，無法維持原有的生活程度，因此美國無論那一個階級，對於商業蕭條，都懷了一種畏懼的心理，他們都從各方面打主意，想用各種方法，來達到全民就業，並且於達到以後，又要想用各種方法，來維持全民就業。全民就業是美國經濟組織所要達到的第一個目標。

這個目標，在平時求之不得的，而在戰時卻無意完成了。戰時的經驗，證實了凱恩斯的理論，就是全社會的消費與投資的數量，假如能夠維持到與全國收益相等的水準，失業便不會發生。對外經濟關係，特別是出口貿易與海外投資，為美國大量的製造品與大量的儲蓄謀得一有利的出路，有助於全民就業，因此也就為美國人民所熱心提倡的一種工作。

美國的出口貿易數量，在過去一、二十年之內，有很大的變動。在一九二九年，美國出口的物資與勞務，共值七十億元，等於全國產值的百分之六點七。一九三七年，出口價值降至四十六億元，等於全國產值的百分之五點一。一九四四年，出口價值猛升至二百十四億元，等於全國產值百分之一〇點二。一九四七年，出口價值為一百九十六億元，等於全國產值百分之八點五。

這些統計數字的意義，須要解釋。第一，美國的出口數量，雖然在全國產值中所佔的百分數並不高，雖然證明了美國的國內市場，其重要性超過國外市場十倍以上，但是國外貿易，對於全民就業的貢獻，卻是很偉大的。美國有一位經濟學者，研究過一九四七年上半季美國的對外貿易，發現在那一個時期之內，美國出口總值為七十八億元。因為這一筆出口的生意，有二百四十萬人，直接的或間接的得到工作。二百四十萬人，等於美國非農業的就業人口的百分之五點六。假如美國的出口貿易完全停止，同時政府或企業家又找不到代替出口貿易的工作，那麼有百分之五點六的就業人口，馬上就要失業。這些失業的人，因為沒有工作，也就喪失了購買力，別種生產事業必然要連帶的得到不利的影響而從事緊縮，結果失業問題必更趨嚴重，使失業的人數，不只限於原來的二百四十萬人。美國政府為維持全民的就業計，必不願看到出口貿易的緊縮，必要設法來維持並擴充其數量。

其次，我們願意要說明的一點，就是美國這樣龐大的出口貿易，雖然與國內的繁榮息息相關，但是專靠國外市場上的有效需求，是無法維持的。現在的世界，是一個戰後的世界，是一個百孔千瘡的世界。各國的生產力，受了戰爭的打擊，大為衰落，雖然大家都需要美國的物資，但是也都沒有力量購買美國的物資。在一九二九年，世界各國的經濟狀況，比現在好多了，那時全世界各國的胃口，也只能夠消納七十億元的美國物資與勞務，在一九四七年，在生產力還未復原的戰後，世界各國，如何能消納一百九十六億元的美國物資與勞務呢？這個問題的提出，使我們不能在知道美國的出口價值之後便感到滿足，使我們要進一步的追問：世界各國，是用什麼方法來得到這些美國所輸出的物資與勞務？

事實告訴我們，在一九四七年，美國從海外輸入的物資與勞務，只值八十三億元，只等於出口價值百分之四二點五。所以美國假如只算別國的實際購買力來維持美國的出口，那麼美國的出口價值，便要減少十億元以上。這一減少，國內就會發生失業問題。所以美國政府便採用各種人為的方法，來支援出口的數量。這些人為的方法，許多是眾所周知的，但我們也無妨在此舉出重要的幾項。戰時的租借法案，是擴充出口的主要辦法，我們可以擱下不談。戰爭完結之後，美國通過聯合國善後救濟總署的機構，提出美金二十七億元。一九四七年，在善後救濟總署結束之後，美國國會還通過了一個計劃，提出款項三億五千萬元，繼續救濟歐洲及中國幾個國家。在一九四六年，美國為協助英國重建其經濟機構，曾借給他三十七億五千萬元。一九四七年的援外法案，以奧國、法國及意大利為對象，撥款五億二千二百萬元，一九四八年三月，在這個法案之下，又追撥五千五百萬元。在一九四七年，除了上述的援外法案之外，還有援助希臘與土耳其的法案，撥款四億元，其中三億用於希臘，一億用於土耳其。一九四八年四月，美國國會通過和平以後最大的援外法案，總數達六十一億元，其中五十三億元援助西歐各國，六千萬元為對於國際兒童救濟專款的捐助，二億七千五百萬元援助希臘與土耳其，四億六千三百萬元援助中國。這些貸款與援助外國的款項，如與上面所說的進出口數字聯合起來研究，他的意義就可更為明顯。以一九四七年而論，美國在海外的投資以及貸款，達四十六億元，佔出口總值百分之二三點七；美國對於海外各國的捐助，達二十四億，佔出口總值百分之一二點五。這些投資，貸款以及援助的政治意義，我們姑且撇開不談，我們只看他的經濟意義，應當特別注意他與出口貿易的關係，以及因此而與全民就業所發生的關係。

美國這種半送半賣的出口貿易，從短期的觀點上看去，似乎有點失策，但從長期的觀點看出，也許是一種一本萬利的生意經。美國的商人，以及搞政治的人都知道，海外市場是要培植的。美國的貨品如想暢銷，必須別個國家的人民有購買力，而此種購買方，只有各國國內的生產事業發達以後，始可產生。美國的工會有一個刊物，最近曾有一篇文章指出很有趣味的一個事實，就是在一九三八年，加拿大的人民，每人購買美國貨品約四十元六角四分，歐洲人（蘇聯不計）每人購買美國貨品三元一角一分，日本人每人購買美國貨品二元一角八分，而中國人每人只購美國貨品七分六厘。美國人民根據這一類的事實推論，以為各國人民的購買力，假如發展到加拿大那樣高，美國的出口貿易，前途是極可樂觀的。因此，他們由自利的動機出發，也願意協助別個國家開發其經濟資源，提高人民的購買力。不過在這次大戰之後，原來的許多債權國，如英、如法，現在都降為債務國了。需要別人幫助的國家很多，而有資格幫助別人的國家很少，少至不需一個手的手指便可數完。美國便是有資格幫助別人的一個國家，可是他的幫助別人，既然最要緊的打算，是經濟的打算，那麼一個國家，假如國內不能維持秩序與和平，而想得到美國的大量援助，必然是會落空的。

（二）

蘇聯的經濟組織，既然根本與美國不同，而且在工業發展的階段上，也沒有達到美國那種飽和的程度，所以他的對外經濟關係，與美國不同的地方很多。英國的道布（M. Dobb）先生曾說過，蘇聯對於在海外投資，絲毫不感興趣，因為他積累的資本，在國內用還不夠，而且他的生產機構，並不以謀利為目的，所以即使在海外投資，獲利比在國內投資還大，他也不會發生興趣。同樣的理由，可以說明他對於開拓國外市場，也不感到興趣，因為他所生產的物資，主要是為滿足國內政府及人民的需要，這些物資，在國內用還不夠，假如不是因為有進口的需要，蘇聯可以根本不必考慮出口。蘇聯國內經濟問題，最重要的，是如何完成計劃的建設，他的眼光，是向內的，而不是向外的。

這不是說，蘇聯根本不要國外貿易，但是他從事國外貿易的動機，與美國根本不同。蘇聯雖然是一個大國，雖然是物產豐富，但不能完全自給自足。特別在開始實行五年計劃的時候，有好些生產器材，國內還無能力生產，不能不求助於國外。因為各種關係，蘇聯得不到外資的協助，所以唯一的獲得國外物資的方法，便是以國內的物資，輸出交換。所以他的出口貿易，乃是完成進口貿易的手段。他的對外貿易計劃，是先看在經濟計劃中，對於國外物資需要的種類及數量。這些是先決的條件。他先看進口的價值，然後把出口物資的價值去湊合他。進口多一點，出口也跟著多一點。進口少一點，出口也跟著少一點。進口是主，出口是賓。進口是目標，出口是手段。這種聯繫的密切，在別國是少見的。

我們現在再舉一些統計，來說明上面的理論。第一，我們說蘇聯對於國際貿易的興趣，並不濃厚，此點可以第一次歐戰前俄國的國際貿易數量與革命後的國際貿易數量相比，便可看出。在一九一三年，俄國的進口貿易，佔全世界進口貿易百分之三點六，而在一九三七年，只佔百分之零點九。出口貿易，在一九一三年，佔全世界出口貿易百分之四點二，而在一九三七年，只佔百分之一點三。蘇聯在國內的生產力，雖然在戰後膨漲甚速，但是他在國際貿易中的地位卻降低了，可見他忽視國際貿易的一斑。另外還有一種統計，說明蘇聯出口貿易佔國內生產量的百分數，也有下降的趨勢，可以與上面所舉的統計相印證。在一九一三年，俄國的出口價值，等於國內生產總值的百分之六，在一九三〇年，只佔百分之三點五，而到一九三六年，便只佔千分之八了。其次，我們審查蘇聯的國際貿易數字，便可證實我們上面所指出的一個原則，就是蘇聯的進口是目標，而出口是手段。在推行第一個五年計劃的時候，國內有許多東西還不能自己生產，那時蘇聯對於好些進口貨品的需要是迫切的。為必須完成進口的目標，所以雖然國內有荒災，雖然國內的消費品產量並不豐富，而在一九三〇年，蘇聯的進出口貿易，居然達到革命以後的最高峯，達到戰前百分之七十三的數量。進口的物資，有百分之八九點八，是生產器材，是完成五年計劃所必需的。在第二個五年計劃的時期內，蘇聯的生產力已有進展，假如他是一個資本主義式的國家，這個時期的國際貿易數量，應當超過前期，但是實際上蘇聯在一九三六年的進口價值，還不及第一個五年計劃時期的一半。原因是：在後一期，蘇聯對外的需要減少了，他減少了輸入，因而也就減少了輸出。

第二次歐洲大戰，把蘇聯辛苦經營的建設，毀壞了很多。第四個五年計劃，自一九四六年開始。一九四五年蘇聯的工業生產，等於一千二百一十億盧布（一九二六——二七價格），而在一九四〇年，工業生產，已達一千三百八十五億盧布。所以在第四個五年計劃時期內，蘇聯先要恢復過去的生產力，然後再進而擴展其生產力。在此復原與發展的過程中，蘇聯的處境，已非第一個五年計劃的時期所可比。在第一個五年計劃的時期內，出口貿易，是獲得國外物資的主要條件，而現在的情形則不盡然。第一，在借款方面，蘇聯雖然在戰時得到美國一百零八億美元的租借物資，但是在戰事結束之後，因為政治的衝突，使美援的來源斷絕。這一個重要的外資來源雖然無法利用了，但次要的來源，蘇聯還可以得到。左一九四六年十月，蘇聯與瑞典成立了一個借款協定，瑞典答應於五年之內，借給蘇聯十億瑞幣（約合美金二億七千八百五十萬元）的物資，蘇聯對此借款，分十五年償還，年息三厘，在前三年內，可以不必付息。第二，一九四五年七月的《波茨坦協定》，允許蘇聯可在他的德國佔領區內，拆遷工廠，以作賠償，在英、美的德國佔領區內，可以拆遷工業設備百分之二十五，其中百分之十，可以無償拆遷，另有百分之十五，須以蘇聯佔領區內的食糧與原料交換。蘇聯在德國境內所得的生產設備，以及從中國東北所拆去的生產設備，到底共值若干，我們還沒有看到有系統的報告，不過這些設備，有助於蘇聯第四次五年計劃的完成，則是無可懷疑的。第二，蘇聯在過去納粹的衛星國中，曾索取相當數量的賠償，這也是蘇聯所需外匯的一個來源，不必以出口物資去換取的。在一九四五年，蘇聯與匈牙利的停戰協定中，規定匈牙利須在六年之內，付給蘇聯二億萬元的賠款，第一年便要付三千三百五十萬元，因為匈牙利在第一年便沒有能力付足賠款，所以付款的期限，便延長為八年。第二個國家要向蘇聯賠款的便是羅馬尼亞，他在六年之內，要付賠款三億元，此外因為戰時羅馬尼亞在蘇聯搶去物資，必須退還，在此項目之下，蘇聯於一九四六年，曾得一億七千五百萬元，大約羅馬尼亞還要付出二億元，此項帳目方可取消。第三個國家要向蘇聯賠款的為芬蘭，他在八年之內，要向蘇聯賠款三億元。第四個國家要向蘇聯賠款的是義大利，在和約中規定義大利要賠償蘇聯一億元，以義大利生產的物資付給，但蘇聯須供給若干原料，俾義大利可用以生產作為賠償的物資。蘇聯戰後的賠款所得，到目前為止（德、日兩國的賠償還沒有算），已經超過十億元，這也是在第一次五年計劃時所得不到的。第四，蘇聯在匈牙利與羅馬尼亞兩個國家裏面，現在已代替戰前的納粹，取得重要的經濟權。一九四五年五月，蘇聯與羅馬尼亞的和約中，規定兩個國家合組七個股份公司，經營羅馬尼亞的石油、交通、航空、銀行、木材等事業。一九四五年八月，蘇聯與匈牙利的和約中，規定兩個國家合組十個股份公司，經營匈牙利的鋁石、鍊油、鐵路及航空等事業。合股公司的股份，每國一半，蘇聯的股份，即以戰前德國所有的資產充數。每個公司的董事會，以蘇聯及所在國的人民各半擔任，以所在國的代表充董事長，蘇聯的代表當副董事長。經理由蘇聯的代表充任，所在國的代表，則充副經理。蘇聯在這些合股公司中的營業所得，便可以在國外購蘇聯所必需的物資，這也是不必由蘇聯運出物資來換取的。

蘇聯目前的中心工作，如上所述，是在完成其第四次五年計劃。蘇聯今日的處境，因為是戰勝國的原故，他的外滙來源，已比二十年前大為充裕，因此他以出口為手段以獲得進口貨物的工作，也無以前的繁重。第四個五年計劃的完成，因此也較第一個五年計劃要見得容易。

十二月九日。

（原刊《新路》第二卷第六期）

附錄：吳景超先生主要著作

專著

《唐人街：共生與同化》，築生譯，天津人民出版社，一九九一年

《都市社會學》，世界書局，一九二九年

《社會組織》，世界書局，一九二九年

《社會的生物基礎》，世界書局，一九三〇年

《第四種國家的出路》，商務印書館，一九三七年

《中國工業化的途徑》，商務印書館，一九三八年

《劫後災黎》，商務印書館，一九四七年

《有計劃按比例的發展國民經濟》，中國青年出版社，一九五四年

論文

《獨立評論》時期（一九三二—一九三七年）

都市教育與鄉村教育　《獨立評論》四十號

中國農民何以這樣多——答胡適　《獨立評論》四十五號

近代工人生活的保障（一—三）　《獨立評論》五十四—五十八號

中國縣誌的改造　《獨立評論》六十號

知識份子下鄉難　《獨立評論》六十二號

農政局——一條知識份子下鄉之路　《獨立評論》六十四號

論恢復流刑　《獨立評論》六十六號

美國移民律的將來及其對中國移民的影響　《獨立評論》六十九號

裁兵問題的研究　《獨立評論》七十二號

世界上的四種國家　《獨立評論》七十五號

民族學材料的利用及誤用　《獨立評論》七十八號

革命與建國　《獨立評論》八十四號
輿論在中國何以不發達　《獨立評論》八十七號
變動中的家庭　《獨立評論》九十二號
家庭職務與婦女解放　《獨立評論》九十四號
剿匪區中的勞工政策　《獨立評論》一〇〇號
英國民主政治的前途　《獨立評論》一〇五號
社會學觀點的應用　《獨立評論》一一一號
提高生活程度的途徑　《獨立評論》一一五號
發展都市以救濟農村　《獨立評論》一一八號
孫末楠的治學方法　《獨立評論》一二〇號
我們沒有歧路　《獨立評論》一二五號
中國的政制問題　《獨立評論》一三四號
再論發展都市以救濟農村　《獨立評論》一三六號
薩爾歸還德國　《獨立評論》一三七號
建設問題東西文化　《獨立評論》一三九號
答陳序經先生的全盤西化論　《獨立評論》一四七號

都市研究與市政　《獨立評論》一四八號
怎樣劃定一個都市的內地　《獨立評論》一五一號
土地分配與人口安排　《獨立評論》一五五號
《自由的方法》書評　《獨立評論》一六〇號
自信心的根據　《獨立評論》一六一號
論積極適應環境的能力　《獨立評論》一六二號
耕者何時有其田？　《獨立評論》一六五號
關於佃戶的負擔答客問　《獨立評論》一六八號
閻百川先生的土地政策　《獨立評論》一七四號
論地主的負擔　《獨立評論》一七五號
再論地主的負擔　《獨立評論》一八〇號
土地法與土地政策　《獨立評論》一九一號
中國歷史中的經濟要區　《獨立評論》一九七號
地方建設的一線曙光　《獨立評論》二〇一號
人事的討論　《獨立評論》二二三號
中國的人口問題　《獨立評論》二二五號

中國工業化問題的檢討　《獨立評論》二三一號

中國工業化問題的檢討　《獨立評論》二三二號

中國工業化問題的檢討　《獨立評論》二三三號

《新經濟》時期（一九三八—一九四七年）

發刊的志趣　《新經濟》一卷一期

《新經濟》的使命　《新經濟》一卷一期

實用經濟（書評）　《新經濟》一卷一期

農業建設與農民組織　《新經濟》一卷二期

南京區域的戰爭損失　《新經濟》一卷三期

漢冶萍公司的覆轍　《新經濟》一卷四期

龍煙鐵礦的故事　《新經濟》一卷六期

安徽售砂公司的始末　《新經濟》一卷八期

國營鋼鐵廠的前奏　《新經濟》一卷十期

中國農民生活（書評）　《新經濟》一卷十一期

國際投資問題　《新經濟》二卷一期

記湖北象鼻山鐵礦　《新經濟》二卷五期

歐戰前夕的德國經濟　《新經濟》二卷九期

我國農業政策的檢討　《新經濟》二卷十期

英法德的經濟力量比較觀　《新經濟》三卷一期

社會科學的方法與目標　《新經濟》三卷四期

原料與食料（書評）　《新經濟》三卷八期

抗戰與人民生活　《新經濟》四卷二期

東南各省的糧食管制　《新經濟》四卷三期

湖南計口授鹽的試驗　《新經濟》四卷四期

論平價　《新經濟》四卷八期

有關物價的三本新書（書評）　《新經濟》四卷十一期

六十年來的中國經濟　《新經濟》五卷三期

英國的戰時經濟　《新經濟》五卷六期

戰時物價問題的幾點觀察（一）　《新經濟》五卷七期

戰時物價問題的幾點觀察（二）　《新經濟》五卷八期

戰時內地工業建設的問題　《新經濟》五卷十二期
四川田賦征實的辦法及其問題　《新經濟》六卷一期
英國如何支付戰費（書評）　《新經濟》六卷二期
陶納教授論戰後的社會　《新經濟》六卷三期
石油與戰爭（書評）　《新經濟》六卷四期
國際貨幣經濟學　《新經濟》六卷六期
戰後我國國際收支平衡的問題　《新經濟》六卷八期
祿村農田　《新經濟》六卷九期
資本主義的發展　《新經濟》六卷十二期
國民經濟建設運動的體系　《新經濟》七卷五期
士與古代封建制度之解體　《新經濟》七卷九期
美國經濟政策對於中國的影響　《新經濟》七卷十期
論外人在華設廠　《新經濟》八卷一期
經濟建設與人才訓練　《新經濟》八卷二期
中國資源與經濟建設　《新經濟》八卷五期
美國工業動員的方法　《新經濟》十卷十二期

英國工業的突飛猛進　《新經濟》十一卷五期

美國戰時人力動員的方法　《新經濟》十一卷八期

《世紀評論》時期（一九四七年）

取之於民用之於民　《世紀評論》一卷一期

攤派猛於虎　《世紀評論》一卷三期

衛生事業在困難中　《世紀評論》一卷七期

中國農村的兩種類型　《世紀評論》一卷十二期

蘇北的土地處理非急務　《世紀評論》一卷十五期

難童有什麼前途　《世紀評論》一卷二十期

管衛與教養的消長　《世紀評論》一卷二十二期

英美的經濟制度有何貢獻　《世紀評論》二卷一期

縮短貧富的距離　《世紀評論》二卷三期

儲蓄，消費與全民就業　《世紀評論》二卷六期

美國的生產單位　《世紀評論》二卷八期

英國的社會安全計畫　《世紀評論》二卷十一期

生活程度與土地需要　《世紀評論》二卷十七期

機械化是否會招引失業　《世紀評論》二卷二十期

《新路》和《觀察》等時期（一九四八—一九四九年）

婚姻向何處去（書評）　《新路》創刊號

論耕者有其田及有田之後　《新路》一卷二期

還我言論自由（六人之一）　《新路》一卷四期

「論我國今後的人口政策」討論（五）　《新路》一卷五期

中國工業化的資本問題。總答覆　《新路》一卷七期

忠告美國政府（八人之一）　《新路》一卷八期

一個解決大學畢業生失業問題的具體建議（合著）　《新路》一卷十二期

政治民主與經濟民主，討論（三）　《新路》一卷十三期

專論，家庭與個人職業　《新路》一卷十三期

經濟行政應即公開——一個考驗政府效率和廉潔程度的具體建議（合著）　《新路》一卷十五期

私有財產與公有財產——美蘇經濟制度述評之一　《新路》一卷十五期
社會主義經濟是否需要計畫　《新路》一卷十六期
穩定新幣幣值的有效措施（合著）　《新路》一卷十九期
論經濟自由　《新路》一卷二十一期
制裁獨佔的立法（合著）　《新路》一卷二十二期
資本形成的途徑——美蘇經濟制度述評之一　《新路》二卷二期
社會主義與計劃經濟是可以分開的　《新路》二卷五期
中美關係（討論）（合著）　《新路》二卷六期
蘇聯的生活程度　《新路》二卷四期
美蘇對外的經濟關係　《新路》二卷六期
工業化過程中的資本與人口　《觀察》三卷三期
從四種觀點論美蘇兩國的經濟平等　《觀察》五卷十二、十三期
幾個社會學者所用的方法　《社會學界》三卷
孫末楠傳　《社會學刊》一卷一期
兩漢的人口移動與文化　《社會學刊》一卷一、二期
兩漢多妻制的家庭　《金陵學報》一卷一期

地方財政與地方新政　《社會科學》二卷一期
中國手工業的前途　《經濟評論》一卷二十期
計劃經濟與價格機構　《社會科學》五卷一期
馬克思論危機　《社會科學》五卷二期

一九四九年後

工農聯盟與經濟建設　《新建設》一卷十期
中蘇貸款協定加強了我們經濟建設的信心　《新建設》二卷一期
誰知道中國的資源　《觀察》六卷十期
蘇聯工業建設研究　《社會科學》六卷一期
蘇聯農業建設研究　《社會科學》六卷二期
工農聯盟與經濟建設　《新建設》一卷十期
有計劃按比例的發展國民經濟　中國青年出版社
蘇聯工業化時期的計畫收購和計畫供應　通俗讀物出版社
我國第一個五年計劃中資金的積累、合理使用和節約問題　《教學與研究》八、九期

批判梁漱溟的鄉村建設理論　《教學與研究》七期
批判梁漱溟的中國文化論　《教學與研究》十期
我國第一個五年計劃的工業發展速度問題　《新建設》總八十四期
從深入生活中提高自己　《新建設》二期
蘇聯發展國民經濟的六個五年計劃　《新建設》八十九期
社會學在新中國還有地位嗎？　《新建設》總一〇〇期
展開人口問題的研究　《文匯報》
中國人口問題新論　《新建設》
一些可以研究的社會現象和問題　《新建設》總一〇六期

血歷史211　PC1033

新銳文創
INDEPENDENT & UNIQUE

吳景超的社會觀察

原　　著	吳景超
主　　編	蔡登山
責任編輯	楊岱晴
圖文排版	陳彥妏
封面設計	王嵩賀
出版策劃	新銳文創
發 行 人	宋政坤
法律顧問	毛國樑　律師
製作發行	秀威資訊科技股份有限公司 114 台北市內湖區瑞光路76巷65號1樓 電話：+886-2-2796-3638　傳真：+886-2-2796-1377 服務信箱：service@showwe.com.tw http://www.showwe.com.tw
郵政劃撥	19563868　戶名：秀威資訊科技股份有限公司
展售門市	國家書店【松江門市】 104 台北市中山區松江路209號1樓 電話：+886-2-2518-0207　傳真：+886-2-2518-0778
網路訂購	秀威網路書店：https://store.showwe.tw 國家網路書店：https://www.govbooks.com.tw
出版日期	2022年1月　BOD一版
定　　價	350元

讀者回函卡

Printed in Taiwan

國家圖書館出版品預行編目

吳景超的社會觀察/吳景超原著；蔡登山主編. --
一版. -- 臺北市：新鋭文創, 2022.01
面；　公分. -- (血歷史；211)
BOD版
ISBN 978-986-5540-89-0(平裝)

1.中國大陸研究 2.言論集

574.1　　110020765